"Logic has not been this fashionable since the Rubik's Cube." —ABC News.com

"Su Doku is logic stripped down to its bare minimum, an elegant, appealing simplicity…For people of all ages, it's especially a great concentration-builder for young people who have lost some simple but creative pleasures, like pen-and-pencil games."
—Mark Huckvale, author of *The Big Book of Su Doku*

"Aside from stimulating the intellect, Sudoku also has proved quite addictive—along the lines of Tetris, chocolate and some HBO original programming."
—*Chicago Sun-Times*

"Crossword lovers, move over…In theory, anyone who can count can solve sudoku, but the underlying complexity is what has attracted millions worldwide…it's a puzzle in which skill trumps smarts."
—*USA Today*

"Dubbed the Rubik's Cube of the 21st Century, Sudoku requires no math, just reasoning and logic. Anyone with patience and the capacity to count to nine can win."
—*Ventura County Star* (California)

"Su Doku is a fiendishly addictive puzzle that has been stumping players from Taiwan to Tbilisi."
—*Time* Magazine

Su Doku Books Published by Newmarket Press

The Big Book of Su Doku #1
    by Mark Huckvale 1-55704-703-0

The Big Book of Su Doku #2
    by Mark Huckvale 1-55704-704-9

The Big Book of Su Doku #3: Extreme
    by Mark Huckvale 1-55704-709-X

Junior Su Doku
    1-55704-706-5

Junior Su Doku Christmas
    1-55704-707-3

THE BIG BOOK OF SU DOKU 3

EXTREME

Compiled by Mark Huckvale

 Newmarket Press • New York

First published in the U.K. by Orion Books August 2005
First published in the U.S. by Newmarket Press November 2005

This book is published in the United States of America.

First Edition

ISBN 1-55704-709-X

10 9 8 7 6 5 4 3 2 1

Library of Congress Cataloging-in-Publication Data available upon request.

QUANTITY PURCHASES
Companies, professional groups, clubs, and other organizations may qualify for special terms when ordering quantities of this title. For information, write Special Sales Department, Newmarket Press, 18 East 48th Street, New York, NY 10017; call (212) 832-3575; fax (212) 832-3629; or e-mail info@newmarketpress.com.

www.newmarketpress.com

Manufactured in the United States of America.

Contents

Difficult Puzzles 1–25
Complete the grids so that every row, every column and every 3x3 box contains the digits 1–9

Challenging Puzzles 26–50

Diabolically Hard Midi Puzzles 51–75
Complete the grids so that every row, column and 2x3 box contains the digits 1–6

Diabolically Hard Puzzles 76–100
Complete the grids so that every row, column and 3x3 box contains the digits 1–9

Jigsaw Puzzles: Starter 101–110
Complete the grids so that every row, every column and every tile contains the digits 1–6

Jigsaw Puzzles: Moderate 111–120
Complete the grids so that every row, every column and every tile contains the digits 1–7

Jigsaw Puzzles: Tricky 121–130
Complete the grids so that every row, every column and every tile contains the digits 1–8

Jigsaw Puzzles: Difficult 131–140
Complete the grids so that every row, every column and
every tile contains the digits 1–9

Jigsaw Puzzles: Challenging 141–150
Complete the grids so that every row, every column and
every tile contains the digits 0–9

Maxi Puzzles 151–160
Complete the grids so that every row, every column and
every 3x4 box contains the digits 1–12

Super Puzzles 161–170
Complete the grids so that every row, every column and
every 4x4 box contains the digits 0–9 and the letters A–F

Duplex Puzzles: Type 1 171–180
Complete the grids so that every row, every column and
every box in each of the two overlapping puzzles contains
the digits 1–9

Duplex Puzzles: Type 2 181–190

Triplex Puzzles 191–200
As Duplex, but with three overlapping puzzles

Preface

So here we have the latest fix for all you Su Doku addicts!

If, however, this is all new to you, what's it all about? Su Doku was perfected as a number puzzle in Japan. As a nation the Japanese love puzzles – most of the ones they devise are logic puzzles based on pictures or numbers. Every day, you can see thousands of Japanese commuters poring over their puzzles. Su Doku has caught on in the United Kingdom, and now the interest is moving quickly to the United States and other countries.

The beauty of Su Doku is twofold: You don't need to know any specific language or learned information to do it; and there is always, if the puzzle has been set correctly, one and only one solution, solvable by reasoning and elimination, with no need for guesswork.

The term Su Doku translates into something like 'number placing' – but don't let the word 'number' put you off: You don't need to be good at math. Su Doku is a pure logic puzzle, and the numbers are merely symbols; they could just as well be pictures of flowers or geometric shapes. The key thing is that in the standard form there are nine of them – and it just so happens that Su Doku uses the numbers 1 through 9.

Although in its modern form Su Doku comes from Japan, it may well have evolved from a simpler version devised by the eighteenth-century Swiss mathematician Leonhard Euler. Whatever the truth of that, the fact is that its introduction in the United Kingdom took the country by storm. The first puzzles were printed in the London *Times* in November 2004, creating a blizzard of correspondence in that paper, and in less than six months at least four national newspapers in the United Kingdom were publishing their own Su Doku puzzles. Bestselling books soon followed.

Then, beginning in April 2005, a Su Doku puzzle was printed for the first time in a newspaper in the United States. Within months, the phenomenon spread as puzzles began appearing daily in newspapers across the country, including the *New York Post, Washington Post, Los Angeles Times, USA Today, Boston Globe,* and *Detroit Free Press,* among others, and now many books have been published.

The Su Doku phenomenon shows no sign of slowing; you only have to look in your local bookstore or read the newspaper to witness its continued popularity. So here are 200 brand new puzzles, ranging from some quite hard standard format 9x9s to super-taxing triplex puzzles to keep you entertained for many hours. Enjoy yourself, but beware—Su Doku is very addictive…!

Introduction to Solving
Su Doku Puzzles

*'If it was so, it might be; and if it were so, it would be: but as it
isn't, it ain't. That's logic'*
Lewis Carroll, *Through the Looking Glass*

Everyone can enjoy su doku puzzles. You don't need to be a
mathematical genius nor even good at mental arithmetic –
su doku puzzles are really logic puzzles that happen to use
numbers. You look at the pattern that is given and work out
what values the empty cells can take by reasoning alone.

A su doku puzzle is a 3x3 grid of boxes each of which
contains a 3x3 grid of cells. Each cell can take a digit from 1
to 9 subject to these restrictions:

- Each puzzle row (horizontal line) must contain one and
  only one of each digit
- Each puzzle column (vertical line) must contain one and
  only one of each digit
- Each 3x3 box must contain one and only one of each digit

Here is a typical puzzle and solution:

3		4					5	7
		9						
			7		8			
8	2	6		7		5		3
4			3	2	9	6		
9			6					
	3	7	1					8
5	9		2				6	
1						7		

3	6	4	9	1	2	8	5	7
7	8	9	5	4	3	2	1	6
2	5	1	7	6	8	3	4	9
8	2	6	4	7	1	5	9	3
4	7	5	3	2	9	6	8	1
9	1	3	6	8	5	4	7	2
6	3	7	1	5	4	9	2	8
5	9	8	2	3	7	1	6	4
1	4	2	8	9	6	7	3	5

Notice how the grid lines help you identify the rows, columns and boxes. See how the sets of the digits 1–9 are found in the rows, columns and boxes. But how do you get from the puzzle to the solution? How do you start? What is the best strategy? Of course it is fun to try and work it out for yourself, but if you would like some advice: read on!

Mini Su Doku

To make the ideas easier to follow, I'm going to describe first how to solve 'mini su doku' – a variant of su doku that uses a 2x2 grid of boxes containing a grid of 2x2 cells. Each row, column and 2x2 box must contain the digits 1 to 4. Here's a sample mini su doku puzzle and its solution.

		1	
4			
	2		
3			1

2	3	1	4
4	1	3	2
1	2	4	3
3	4	2	1

OK, let's use logic to solve puzzles like these.

RULE 1: '*When you've eliminated the impossible, whatever remains … must be the truth*'

Arthur Conan Doyle, *The Sign of Four*

In this grid what values can go in cell A? Clearly it must be 4, because the top right box that contains A already has the digits 1, 2, 3. And all boxes must contain one of each digit.

		3	1
		2	A
	3		
4			

In this grid what values can go in cell B? Looking at the top left box, we see it must be either 1 or 2 since the box already contains 3 and 4. However if we look at the top row in the whole puzzle, we see that there is already a 1 in that row, therefore cell B must be 2.

B	3	1	
4			
	2		
3			1

Similarly in this grid, what values can go in cell C? Looking at the top left box, we see it must be either 1 or 2, since the box already contains a 3 and 4. However if we look at the leftmost column we see that it already contains a 1, therefore cell C must be 2.

C			
3	4		
		1	2
1		4	

RULE 2: *'A place for everything and everything in its place'*

Whereas Rule 1 is about eliminating values that *can't* be present in a cell, Rule 2 relies on the fact that each digit has got to go *somewhere* in each row, column or box. Instead of asking 'What digits can go in this cell?' we ask, 'Where does digit X go?'

For example, in this grid we know a 1 has to go somewhere in the bottom row, in either position A or position B. But the column that contains B already has a 1, so the 1 has to go in cell A. (Note that if we looked at cell A using Rule 1, we could not tell whether it contained a 1 or a 4.)

	1		
	3		
			4
A	B	2	3

And in this puzzle, we know that a 3 has to go somewhere in the top row. But it can't go in cells A or B because there is already a 3 in the top left box; and it can't go in C because that column already contains a 3, so the 3 must go in cell D.

A	B	C	D
3		2	
			1
		3	

RULE 3: *'Conspicuous by its absence'*

The logic we've used so far relies on the digits we've already got in the puzzle. We check the cell or the digit we're interested in against the digits we've got already. But even the empty cells can give us information! If a digit must go in either of two empty cells in a box, and those cells are in the same column, then that digit can't go elsewhere in that column. Likewise, if a digit must go into one of two possible cells that fall in the same row, the digit can't go elsewhere in that row. Here's an example:

A	B	2	1
1	C		3
3	D	1	

In this grid, we know the top row contains a 4, but does it go in cell A or cell B? There aren't any other 4s in the puzzle to help us, but look at cells C and D. One of these cells must be a 4 (because the lower left box already contains a 1 and 3), although we don't know which. But – and this is the key

– whichever cell it goes into, there will be a 4 in the second puzzle column, so cell B cannot be a 4. So the 4 in the top row must go into cell A.

We can use the same logic in this puzzle. We know that there must be a 1 in the first column, in one of the cells A, B or C. It can't go in C, because that row already contains a 1. It can't go in B, because one of D or E must contain a 1. So a 1 must go into cell A.

A		3	2
B		D	E
3			
C	1		

Moving up to the full puzzles

The rules above work just as well in the full su doku puzzles in this book. We'll look at one complete example.

2	4					9		3
1		8					4	F
³A	6				4	1	5	8
7	8	6	2	3	1	4	9	
4		1				3	6	
						7	8	
9	1	3		8			2	7
6	B	C					1	
⁶D	E	7	6		9		3	

We can find out what goes into cell A using Rule 1. We can eliminate the digits 1, 2, 4, 6 and 8 because those digits are already present in the same box as A. We can also eliminate 7 and 9, since they occur in the same column as A. Lastly, we can eliminate 5, since there is already a 5 in the same row as A. By elimination, A must be 3.

We can find out where the 8 goes in the lower left box using Rule 2. We know that an 8 must go in cells B, C, D or E. But there is already an 8 in the second column, so it can't go in cells B or E. There is also an 8 in the third column, so it can't go in cell C. So the 8 must go into cell D.

We can find out what goes into cell F using Rule 3. We can eliminate the digits 1, 3, 4, 5, 8 and 9 since they are already in the top right box, and we can also eliminate 7 since there is already a 7 in the last column. This leaves 2 and 6. But the middle box on the right is missing 2, and wherever it goes it must go in the last column, so F cannot be 2: it must be 6.

Tips on Diabolical Puzzles

Rules 1 to 3 will be sufficient for you to solve all the puzzles up to 'Challenging' level in this book, but are not sufficient for the 'Diabolical' level puzzles – for these you need to be able to apply some more advanced logic. If you attempt to solve a diabolical puzzle using only rules 1 to 3, you will get to a point where no further progress can be made. This is your cue to think about Rule 4! This rule applies to the sets of digits that remain possible in the currently empty cells. To apply Rule 4 you will almost certainly need to pencil into the cells the list of possible digits.

RULE 4: 'Partners in crime'

Rule 4 applies to patterns in the distribution of the possible digits across empty cells within a row, column or box. There are two types of pattern you need to look for: cell partners and digit partners.

Cell partners can be exemplified by a pair of cells that contain the same pair of possible values. For example in this piece of a puzzle the two empty cells on the left form such a pair: both of them contain either a 5 or a 9 only:

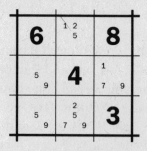

The logical consequence of this is that these two cells must contain the 5 and 9, and that no other cell in the box can contain a 5 or 9. Thus we can eliminate 5s and 9s elsewhere in the box to get:

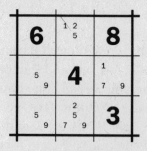

The same logic can be applied if you find three cells (in the same row, column or box) which share the same three digits. Since these three digits must fit (somehow) into these three cells, then none of these digits can go elsewhere. You can see this with the 1, 2 and 7 in the last example, although in this case there are no new logical deductions to be made.

Digit partners can be exemplified by a pair of digits which can only be found in a pair of cells. That is, two digits each of which only occur in the same two cells in the row, column or box. Look at this piece of a puzzle:

As you can see, there is a pair of 4s and 8s that occur only in the lower two squares on the right. Since these two digits only occur in these two cells, then logically these two cells must contain either a 4 or an 8 only. You can remove all the other possibilities from these cells. So the pattern can be simplified to:

Notice how this simplification has really improved the situation – we now have a single cell containing a 5! The same logic can be applied if you find three digits only occurring in three cells. Logically these three cells must contain only those three digits, so any other possibilities can be eliminated.

Tips on Double and Triple Puzzles

The double and triple puzzles in this book can be solved using the same rules as the single puzzles. But the multiple puzzles are more than just two or three single puzzles – they need to be solved together since the cells completed in one part influence what digits are possible in the other. Let's look at a section of a double puzzle:

The centre 3x3 box is part of two puzzles – the values inside it are constrained by the two boxes to the left in the first puzzle and by the two boxes on the right in the second puzzle. This means that the numbers in the centre box must fit with digits both to the right and to the left. This also implies that the digits found on the left of the centre box must also be found on its right. Thus in the centre row of the puzzle above there must be a 6 and 4 somewhere between the 7 and 3.

Tips on Jigsaw Puzzles

In jigsaw puzzles the square boxes of cells you find in 9x9 puzzles are replaced by irregularly shaped tiles. But otherwise the su doku rules are the same: each row, each column and each tile must contain a full set of digits. Here is a solution of a simple jigsaw puzzle, so that you can see these rules in operation:

1	6	2	5	3	4
4	5	3	1	6	2
3	2	4	6	1	5
6	1	5	4	2	3
2	4	6	3	5	1
5	3	1	2	4	6

Check for yourself that the numbers 1–6 appear in each row, column and tile. With jigsaw puzzles, it is sometimes harder to see which values can go in a cell. You need to apply Rule 2 vigorously – remember that each digit has to go somewhere in each row, column or tile!

That's all there is to it!

You now know all you need to know to tackle the puzzles in the book. We start with some normal 9x9 su doku puzzles that gradually increase up to a 'Challenging' level of difficulty. Next come some 'Diabolical' level puzzles: first some 6x6 midi puzzles for you to practise your use of Rule 4, then some full 9x9 puzzles. Once you are confident with your puzzle solving, you'll enjoy the challenge of the larger puzzles, the jigsaw su doku puzzles and the double and triple puzzles in the last part of the book. All the puzzles have a single solution that you can arrive at by logic. So don't get frustrated if you get stuck, there is always a route to the answer … and to satisfaction!

Mark Huckvale
November 2005

PUZZLES

1

2	6	9			8		4	
8	7	1	3	6	4	5	9	
4	5	3		9				
	1			8		6		3
						7		
3	9						5	
1	4	8	5					
			4		7	8		1
			8			4		5

Difficult

		9	7				3	
						7		
				4	9		1	8
		6		1	3			2
7								3
9			5	8		6		
3	9		8	2				
		4						
	2				1	8		

7				2	1		8	
	3			7				
	4					7	6	
1	7						9	
				9				
	6			1	8	5		
		6	2					4
		4	5			8		9
5								

Difficult

4			8	7				
					1	3	9	
	2				4	8		
		7	9					8
6	3			1			7	2
5					2	1		
		6	1				8	
	9	5	2					
				8	5			3

6				2			4	
				8			5	
9	1	4	5					
	4	3						7
			2	9		1		5
2					3	4		
	2		1					
		1	3					9
					9	6	1	

Difficult

		7		8		1		
						3		5
9			1				6	
6	1		3		8			
3	4		5		9		1	6
			6		1		9	3
	7				5			4
1		5						
		3		9		2		

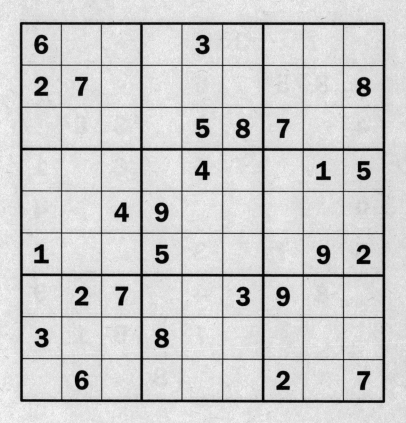

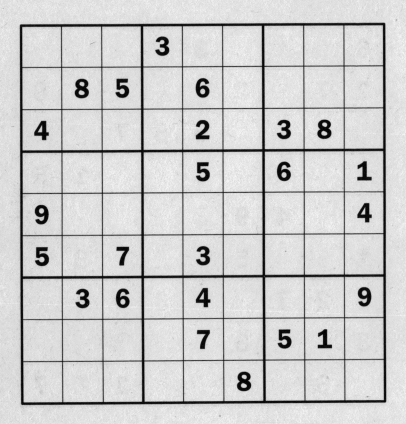

7	2	1		6	9	4		
			2	1				
8	9							
		6						
			4	5	7			9
	3					1		
9	4	7						
				9		5	4	
		2	7				6	

						6	7	
					5			
9				3				
1		4				8	2	
2			9		6			3
	7	9				5		4
				1				2
			8					
	8	5						

	1							
			4	3	5		7	
		9				2	8	
		6			9	4	5	
			6		3			
8	5							
							2	7
6			1				9	
	8	1				6		

Difficult

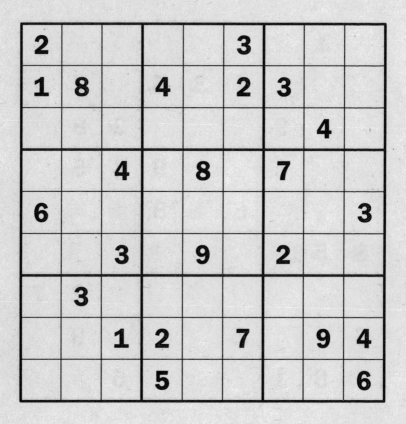

	1	2				7	3	
	3			5	4			
		5	7					
	7			6		8	4	
8		9			3		5	
						9		2
1		7	6					
	2		3		9			4

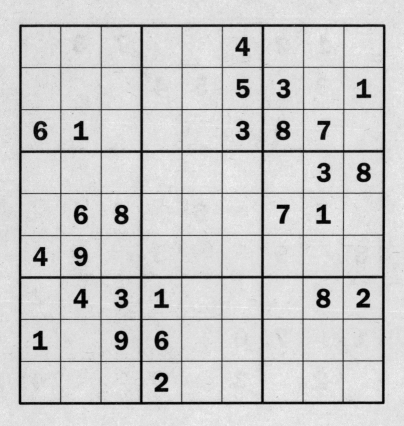

1		3	9				7	
			2	3	1			4
				8				
		4					8	1
			1	6	3			7
						2	9	
	8		5		9			
9	6			7	8			5
	5							

Difficult

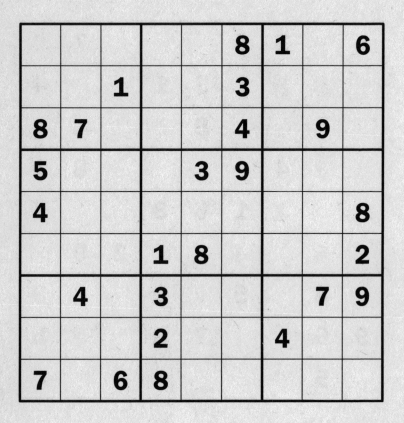

			9					4
6	9	8						
2						7	5	
	3	7				9		1
		2	1		8			
	6		4			3		
1	8		2	4				7
3					9		2	
	2				6			

	5			1				
9	3			8				
	4				7		8	1
			8					6
	8	2				5	4	
5					3			
3	7		2				9	
				7			3	4
				9			7	

7	3	4						1
	1			9	2	5		
	2			7				
1				8	4	2	7	
2							5	
					9	4		6
					6			2
		7		1				
		5	9				6	

Difficult

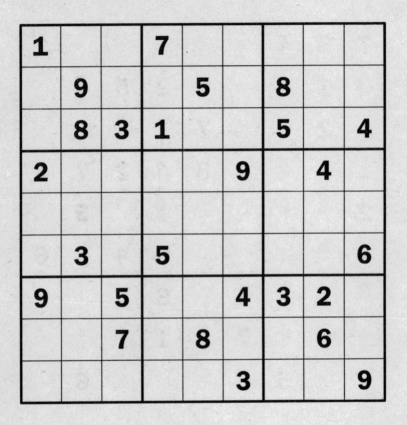

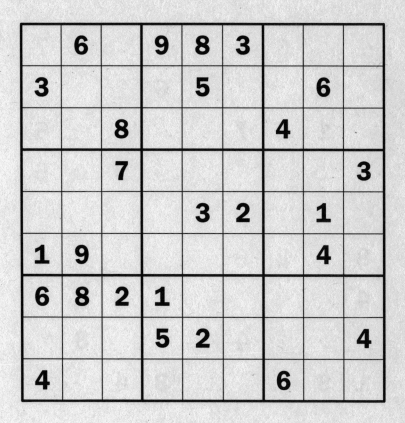

		6	1				4	7
	2			9	6			
	1	5	7					6
6						9		5
				6				
8		2						4
4					7	5	1	
			4	1			3	
1	9				3	4		

2			7	1			6	
	9	6					4	
4			2					
			1	5	7			
	3	2				9		5
				7				2
						5		8
	7	9			6	1		

Difficult

		1			2			
				6				
5	6	8		4				
	7	6				8		
		2	3		9	6		
		9				1	2	
				7		2	6	8
				5				
			8			9		

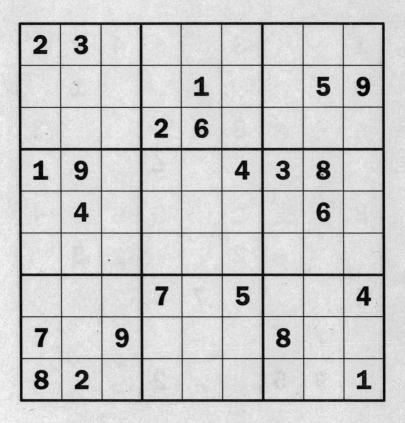

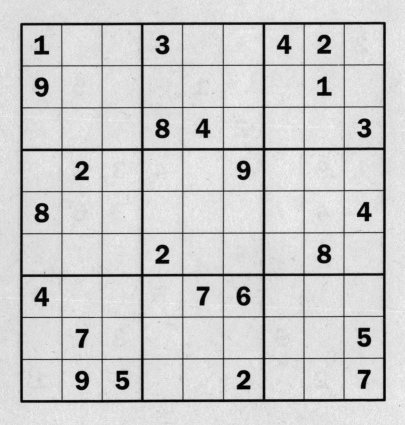

			2	5				
	3	6			7			
	2							6
			5	8				
1						3		
			6			9	7	2
7		9		3		6		
	4						2	
								1

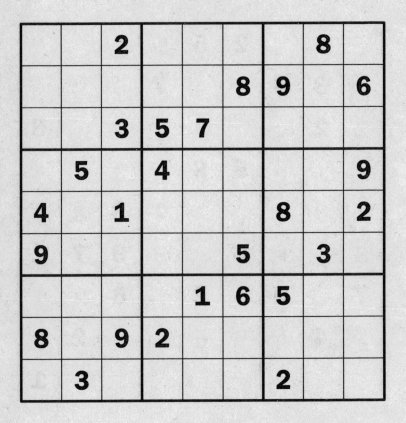

	7			8	1	6		
		5		4		9	2	
2				3				
9	1					3		
	6				7		8	9
8					3		1	
		4						1
			5	6				
								3

Challenging

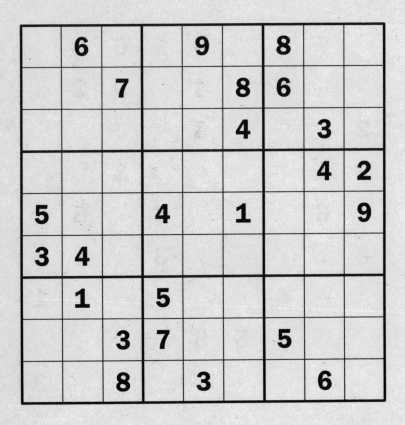

9	3	2			4	6		
4		6			3			5
					2			
		1		9		7		
		5	7	8				
						4	6	
5	6							
			6					2
			3			9	4	

Challenging

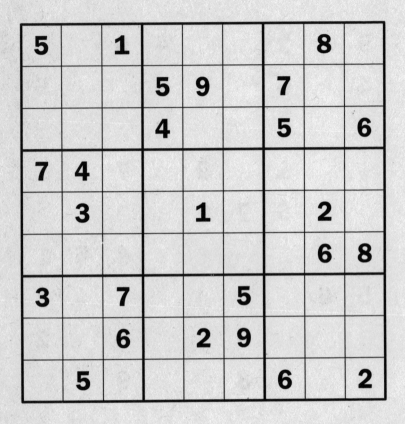

	4						1	
		7		9				
		5	7		1		6	
				4				5
			9	1	6	8		
	9	3		8				1
	2							
5								7
			6				5	8

Challenging

		5			4		8	
		9		1	8		2	
								7
2		6			5			
		4		3		8		
			9			5		3
4								
	7		5	4		6		
	1		8			9		

		9						2
	6			8				
	1			7	6			5
8		5						
				6			8	
	3					1		
7	8						9	
			2	5				7
4			3					

3	9				5			
						4		3
			3		1	6		
	5			7				6
1	7	3				2	9	8
6				3			4	
		8	9		6			
5		2						
			2				8	1

			4			7		3
		7	8		9			
	4	1						5
	2			5				
		8						9
			1	6	2			
6						3	5	
1				2		4		

		1						
2	5						9	
		4	2	8	3			
8					9	2		1
			6		7			
5		9	8					6
			7	9	6	4		
	3						5	2
						9		

				1			3	
		3	6			8	9	
6	9		3		4			1
	2		7	5	6			
7	8		4			1		
						9	6	
8								4
4	6				7			
		5					7	

		2	6	4		1		
6						8		
			8	3	7			9
						7	1	
2								3
	1	9						
5			3	9	6			
		4						2
		3		8	2	6		

	6			5	7			
1		7			8	2		
					2	3	1	
	5			9	1		2	
2							9	
		9	3					
	7		2			4		
5		1				7		6
6								

	4			9	6	8		
					5		6	9
	7							1
5					4	1		
				6				
		6	1					2
9							3	
8	2		6					
		7	9	3			2	

1	7					3	8	
			6					
		4	7	5		9		
			9	6				5
6					2			
		8		7				9
9							5	
	3	6	4					
	4				8		7	

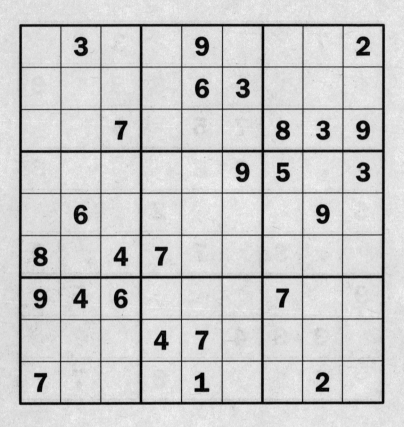

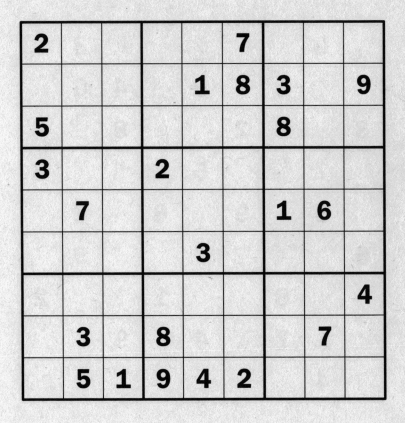

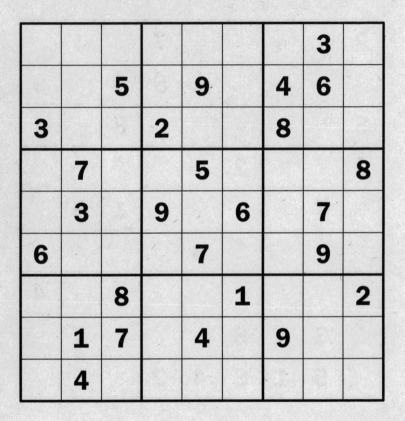

	2					3		
			2	6				
			4					7
4		5			2			9
		6		7				1
			9		3		8	
5	3	7			1	9		
8		4						

							3	
				7		8		1
	4		1	6				2
3							5	
6		5	3		2	4		7
	8							3
2				5	8		1	
5		9		1				
	7							

9	4			5				6
			8		3	1		
	2	1						
	9			2	8			
	8					6		
7					6			5
			5	9	1	3		
8								
						5	2	

	4				2			
		2	9	5				
	1	6	7					5
						1	6	2
		4				8		
1	9	3						
4					3	2	8	
				6	8	7		
			4				5	

					4
	5			6	
2		5	1		
		3			
6				2	

6					
		4			
		5			
	2			1	
			3		
	3		2		5

			6		
					5
	1			4	
					3
4		3		2	
2					

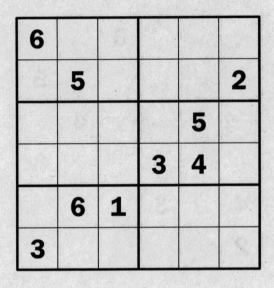

4		5	3		
	3		1	5	
	2				6
		1	2		

					1
			6	3	
		3	5		
	4			1	
	2	6			
5				6	

4	5				
		3	6		
	4				
6		2			
				1	
			2		3

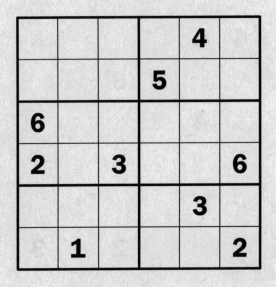

					1
3				2	
4		3			
	2			6	
		4			
6	3		5		

6				3	
				5	
		2			
	1				3
	4		1	2	

3					2
			4		
		1			
5	6				
1		2	5	6	
			2		

Diabolically Hard Midi

	5	1		6	
			3		
	2				4
	6	2		1	
		5			

	2				
6				4	
			4		
5			6		2
					3
		1			

	1				4
		5	1		
2	4		3		
5					
				6	2

2					
			1		3
4	2				5
	5				
			6	3	
					4

1					2
		4		1	
	4	3			
		2		3	
			5		6

					1
		6	2		
6	1	5			
		2			
5					4
				3	

5					
3	1		2		
				4	
	6				
					1
		5	3		

		6		5	
					6
		5		2	
1					
	3				4
4			3		

Diabolically Hard Midi

			5		
	1				6
			2		
3				4	
5		6			
1	3				

3					
	6	4			
4	3				6
					1
			5		4
				1	

Diabolically Hard Midi

			3	2	
3					4
	1				6
			4		
		1			
5	6				

	5			4	3
		4	5		
			2	3	1
1				6	
		3			

Diabolically Hard Midi

				6	
	3		2		
	4		5		6
		5	3		
1		2			

4	6				
1					
			5		3
				6	
		2	1		
					2

Diabolically Hard Midi

	7	3	9			4		
		9					5	
		7				3	6	
	9		1		7			
			3	9		7		
	2	5		8	1			
	1				5		4	8
8								

						3		
4				5	2			
		7	9	1				
5	8		7				6	
		1						
3			4	8	5			
		6						5
					3		4	1
	7				4			8

Diabolically Hard

		6				9	
7	3	1		4				
								4
					6			
	3			1				
	5		8				3	2
					8	9		
4			1	2	7			
5	6					1		

					9	3		4
					8		1	
5	8	3		6				
2			6	7				
3								5
	6	9	2					
	7		8					
6	9					1		
						9		

Diabolically Hard

3		8				2		
	2		8					
				9				6
		2	4		5	6		
					7			
	3				6		5	
8								
						1	9	5
	7	6			4			

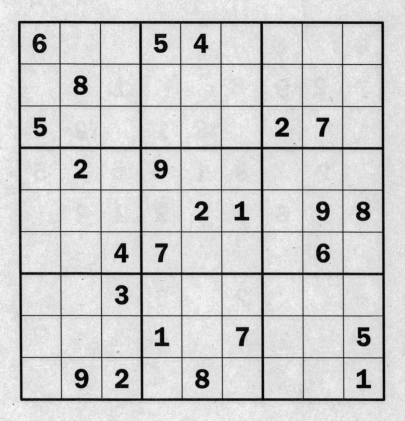

6								
7		9				1		
				8	1		2	
	2		3	1				5
		6	5		9	2	4	
						7		
			2		5			
		1						
4							5	

	3			2	8			
	9					6		
						8		7
6	5							
			4		1			
4				7	2		3	
						7		8
			7	4		1		
1		5						9

Diabolically Hard

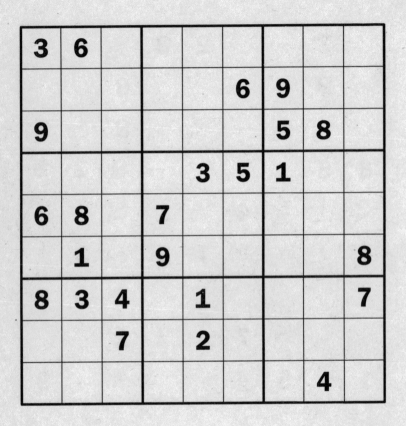

					2	4		
	3	7						
		6						3
7						9	2	8
3						5		
			1	5				
4				6			5	
			8		1	2		
			4			1		

Diabolically Hard

			6			4		9
7					2		3	
	4	3				5		
4	8		1	9				
		9						
	7							2
			5	4				
					8		7	3
9		1						

		5			8			
4							7	8
				7		6		
7							4	
			3	6			1	
9	6							
			1					
		3		4	2	5		
	5					8	6	

		2		6				
						1	9	7
4								
	5	4			7	2		
	1				5			
		3		4	6		8	
9						6		
						3		8
7		6		3			4	

						6	2	
3		1	6				7	
	8				7	5		
				9		7		
2				4		3		6
	9	2		3				
7			4	5	8			
4	5				2		1	

Diabolically Hard

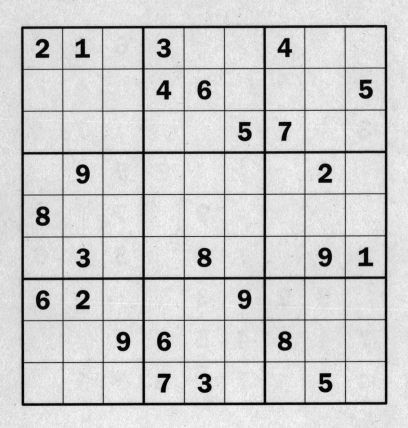

2	9							1
	5	7				9	2	
								5
7					6			
		6		7		2		
				4	5	1		
			4				3	
	1	5	9				4	
		9	7	6				

			9	4				
	3	1	6			9		
	6	7	8					
			5		8		4	
	9				1			
1			4		2			5
2		6				3		
					4			
				3				8

7	5		9					6
	8	1			2	4		
				3				
5							3	
		7		8				2
6			2	9	3			
2								
						8	5	7
			6		1	9		

Diabolically Hard

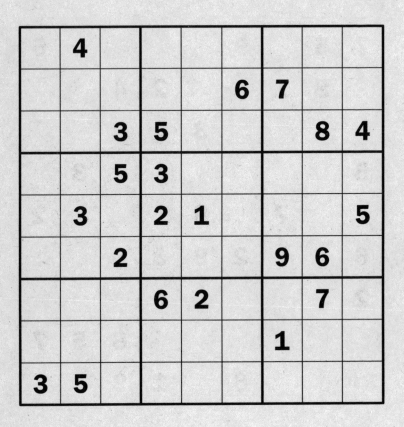

4	2				9			
			6			9		
		9	8					5
					2	3		
				7	6		5	
3						6	1	4
6		1						
	5					1	2	
			7	3				

Diabolically Hard

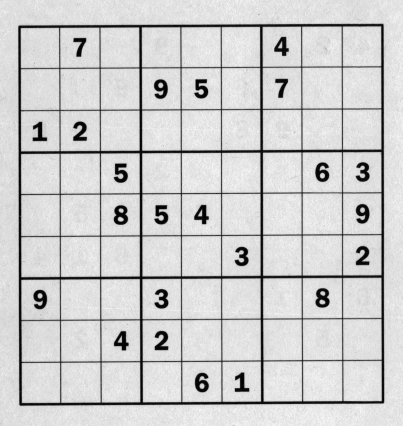

	9						1	8
		1			2			
3							4	
		2			9		8	5
4								9
7			3					
6						1		
			3	8	9			
			4			5		

	7	9						3
			1		4	5		
		2					8	9
	1	3		7	8			2
	8			3				
	9						6	4
5		7		8	2			
6				4				

	7		4					
		1			2			4
2	3		7		9	8		
9				8	3			
7				6				
	8					3		2
						6		
		8					5	1
5	9	2						

Diabolically Hard

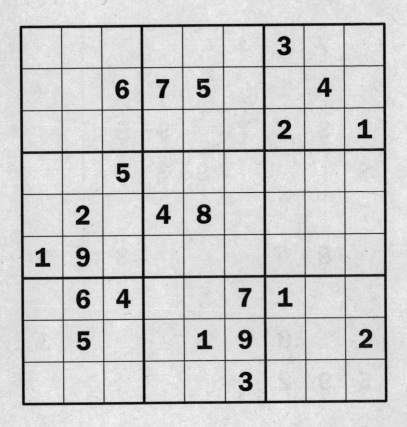

	5				4
				3	1
		6			
		2	1		

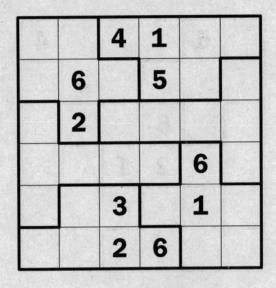

103

					4
		3			
1		4			
		5	1		
	2		6		

Jigsaw: Starter

		2		4	
2	5	6			
			6	1	2
	6		2		

105

		1	4		
					4
5					
6	2	3			
				2	
				6	

106

				3	2
					1
			3		
		2			
6					
2	4				

107

			1		
				3	
				2	
6					5
	2	4			
		5			

				4	
4					
			1		3
5		2			
					4
	1				

109

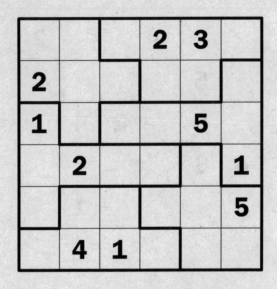

111

					6	
			1		2	
			7			
3					5	
	7					3
	2		4			
	5				3	

Jigsaw: Moderate

112

	5				2	
1				4		
3						
2						3
						1
		3				7
	7				3	

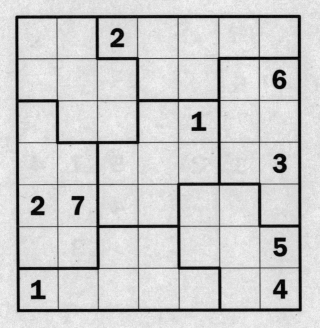

114

						1
	4					
		3				
6	1	2		5	7	4
				4		
					3	
5						

	4		6		1	3
6						
						1
					4	
		4	1			
3						
5		2				6

Jigsaw: Moderate

116

						1
7	4					
				3	6	
	3	2				
					2	4
1						

2		3				
	5		1			
	4					
			3			
					6	5
7					5	
						1

Jigsaw: Moderate

118

			2			
1				7	3	
	4					
	5				7	
					4	
	6	2				3
			1			

119

	3					
			4		5	
		5				
	1			7	2	
		4		6		

Jigsaw: Moderate

						1
5				3		
2					1	
		7		6		
	5					3
		4				2
1						

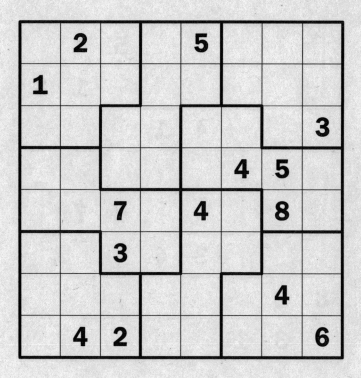

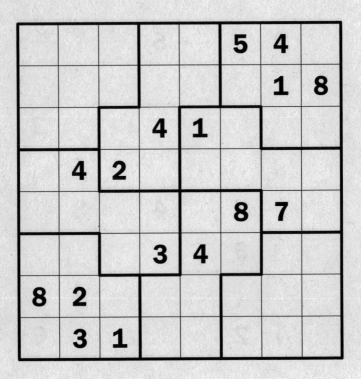

123

Jigsaw: Tricky

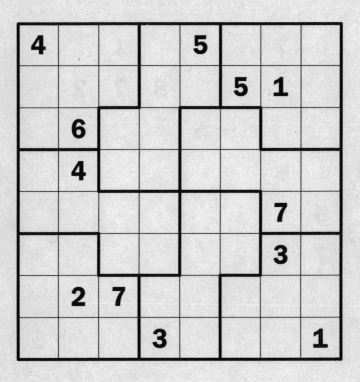

1	8	4					
	2				8		6
		1	8	5		7	
4							
2			1				
	7	6					5
		3		8			

Jigsaw: Tricky

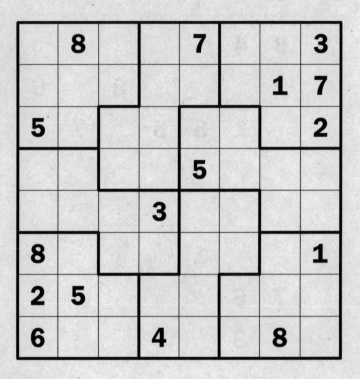

127

4			8		3		
						1	
	1			4			
7	8						
3					6		
				2			4
		7				6	

Jigsaw: Tricky

						6	4
						7	
	4						
	1			2		5	
	5		2			8	
						1	
	6						
5	3						

		8					
1		5			3		
2			8		5		
				6			
	5	4		1			
	4		5			7	
3	7					4	

Jigsaw: Tricky

130

						1	
			7	2			8
							5
	3	1		5	7		
		5	8		1	6	
3							
5			3	4			
	1						

								1
		5						
				8		5		2
9	4							5
1				9			4	
			6	4				
	2				7	9		
		3						
	1							8

Jigsaw: Difficult

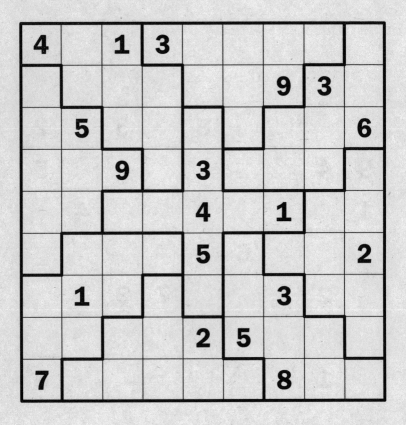

				6	8	4		
					7			
7	5	6						
			6					9
					4			
		1					2	
4							3	
3	8		9					

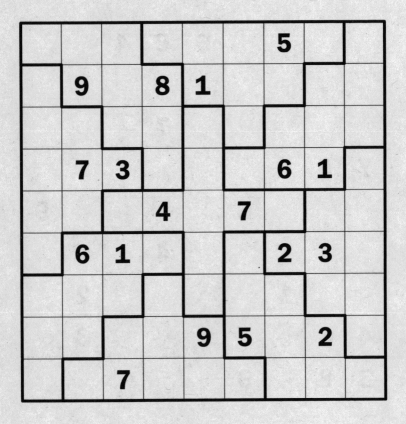

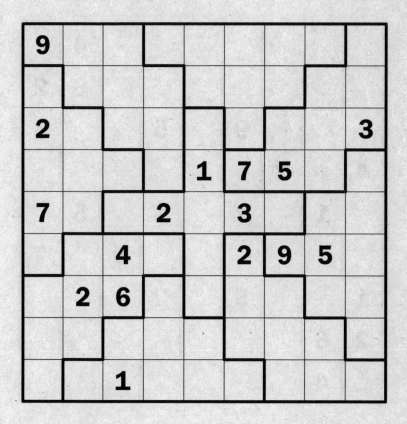

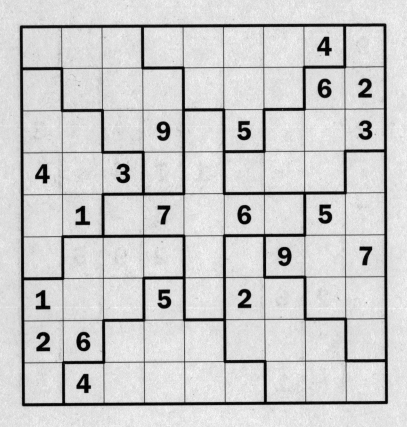

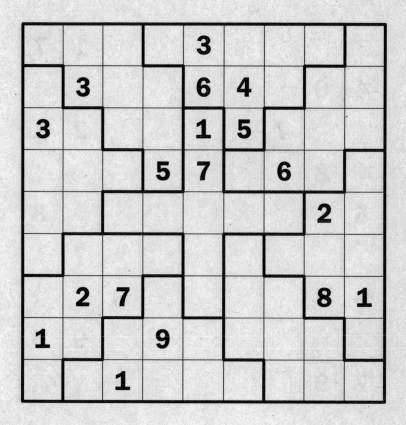

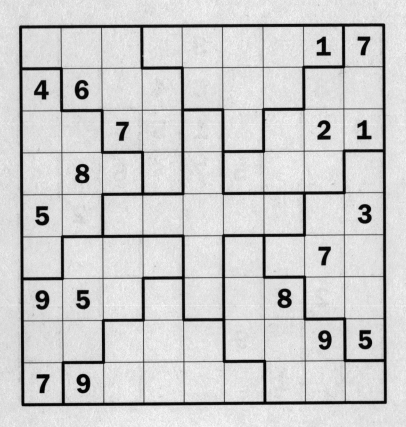

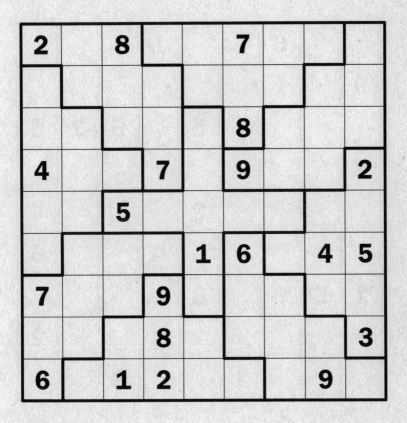

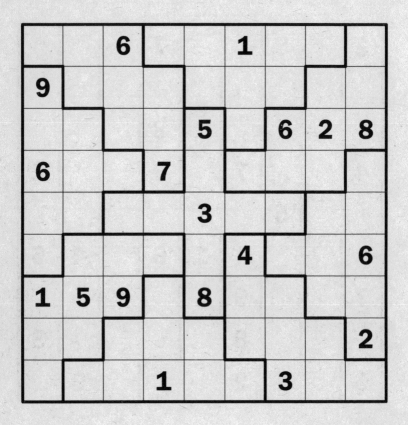

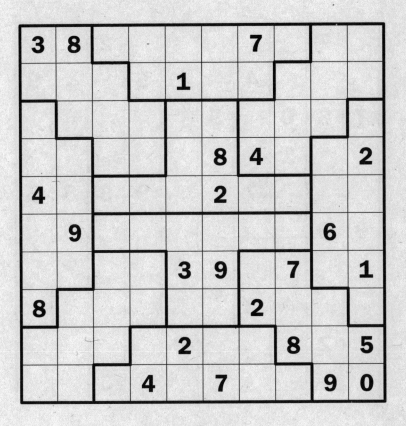

	7						2		
			4			5			9
7	8	6		5					
		1							
			7			9	6	3	5
9	0							6	
				6	8				
		4	3						
	2				0				
						3			

	6	7	5						
	9			3				1	
1				8		0		4	
8		9			4				5
					6		8		7
	0								8
				4					
2		8							6
		0			8	9	1		

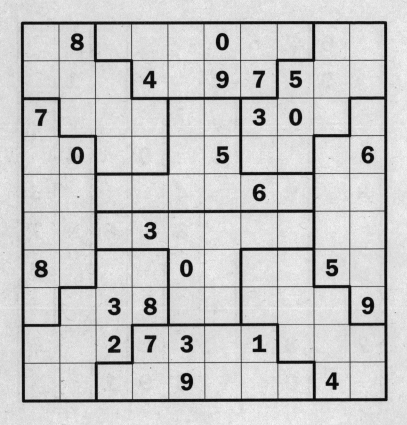

145

				3		4		6	
7			8						
							0	9	6
	7		6				8	5	
	0	2		5					
1					8			7	
6									
		3			9		5		
		4	9						
						1			3

Jigsaw: Challenging

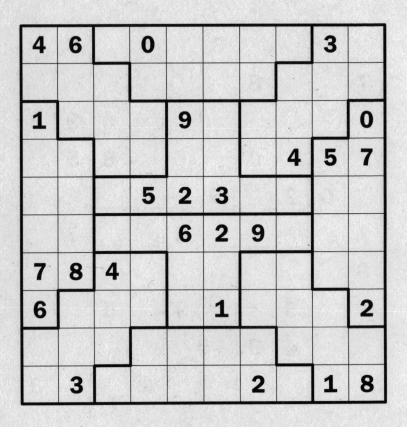

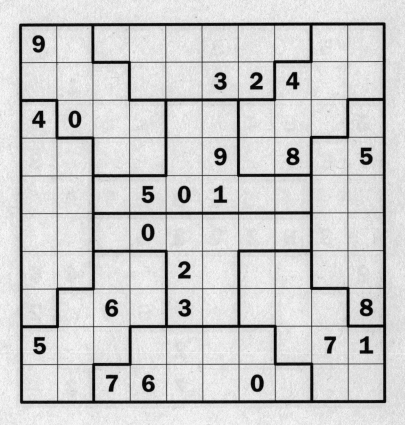

148

	5			8					
				9				1	
5		6	4						
7	6								8
				5	0	1	7	9	
	8	9	2	0	3				
9								4	6
						6	9		2
	1				2				
					7			3	

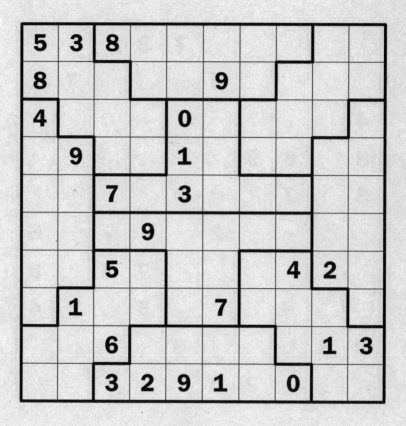

					7	9			
			0					7	1
4			7				0		
8		6	9						
3		7		0					
				2			7		6
						7	3		8
		8			5				4
9	3			8					
			3	4					

9				8							
			5	12				3		1	2
4					7					11	10
	11	3	12			5	8				
	4	2									12
		8		1		3			6	9	
2			1		9	6	3	12			
5						2		10		3	
3		6					10		11		
									12		
	9		4	5			11				
	7	10		6				8	1		

Maxi

152

			5						8		2
	7	10		4							6
6			3	7		1					12
	11					10					
	3		7				1	12			4
	2		12	8	6		11			3	
	12			1		11	10	4		8	
7			4	6				2		10	
					12					11	
12					11		6	3			8
9							5		4	2	
2		7						1			

7	2	11				12	9				
				5	10	1	6	7			
		8	10						9		
			6	12			11			4	3
	11	3		9		2		8	6		
10		12									5
			6								
	8		5		3			9			6
		1		7	11	10	12	3			
4											
3					5				11	2	12
1	12		7	11	2	9		6	10		

		7	11					1		9	4
8	10	9	3	1							
			5	3	2					10	
		6		8	12						
				4						5	2
		8	9		7					3	1
9	3					8		6	7		
6	7						11				
						4	3		2		
	2				10	12	8				
							5	11	12	1	6
3	11		5					10	8		

	3				8						5
5								8	12	4	6
6				9	1		2				7
		1		4	7	10	6				
	2		9		8		12				
					9		7	5	8	10	
	5					1	4	3			
		10	6			12				5	11
3	4		2								
2		3							1	9	
		12	11	2					8		
4			12								

Maxi

156

		12	1		7	4	9				
				1		5					
8			6							7	
	2	7	8			3		5		9	
10			4						3	1	2
		9	3	12		7	11				
				2	5		4	6	11		
5	1	10						9			7
	11		9		12			2	5	3	
	6							12			9
				8		5					
			7	1	10		8	2			

2	12	9			11						
5					9					2	10
11		1		12					5		
										12	9
					7	8	4		11		
12	11			1		10					
		2				12					11
4				5	6	7					
	9		3					8			2
	7		3						2	10	4
	3	8	11		1	2	6				5
		12	10					11	3	1	

Maxi

	5	12			10		2	9	4		
9				4		3		5	6		
8			4							3	
					7		12	3	2		
		9		6		4			10	7	
	3	4		2		5	10				
			9	8			5		7	11	
	10	8			7		6		9		
	6	11	9		12						
	12							2			1
		10	2		6		1				11
		1	8	10		11			12	9	

	10				8					1	11
4			3	7		2	9	6		10	
			5			4			3		2
6	3	10						7			
		5		8	2				1	11	
		2			12						
				4		6			7		1
	7		11			3			10		
2	12	9								8	
3		7					12	5			
5		8		11			7				6
							5	11	4		

Maxi

									2	9	6
				1		12				10	4
		2		3		4					
7	9						3	4			1
		12	7	8				6			2
4			3	5			7		11		
	6		4			5	11				12
8		3			6	10	2				
12		5	2							1	3
			1		11			12			
2	1		10		5						
9	5	12									

			0			6						4	5		
	6	8	B		9	E	3		5		F				
A						4	2			0					
							D	8		6		2	B		A
	5	C		9									2		
E	1			D			F					7			6
				8				7		2		0	F	4	3
F	D			E		6			A	1	B				
2	7		F		A			D	E						
			8						1	C	9		0		
		6	E			3	5	4		B					C
		D	C			7	2					E			
D		9		B				1	0	A					
					D			B			4	8		C	9
1	C	B		0	6									A	
	8	3		F	C			9				D		4	0

	0	6		2			5	E		B				F	
C	2							3		6	8				E
	E			6			3							D	2
B	1							C		8					
				A		C		E	7	B	6	8			
0			A	4	3	5							2		C
3			1		6			D			7				
	4	D		7	E			6	5	3					
				4	2	0			5	D		9	1		
		8			9				A		C				B
6		C					1	4	2	0					F
	B	4	1	7	F		0		6						
			B		4									A	0
E	7							B			C			4	
D			F	8		0								C	1
	8			2		E	D			1			3	9	

4	5	E					A	3				0			
	9						F		8				3	E	5
					C				0				4	A	6
6							B			1					
	7	6			1						2	5	C		F
8	F				E			9	6					2	
				9					3		4				
0				A	3	8		F			5	9			B
	8	7	3									1	E	B	
F			4	D	9	7	E			C					
			E	A	0		4			9		F	D	8	
			C					2		B			A	6	
D	B	5		6		E		4	A						3
E			F			2		6			7				8
				C							D		9		0
		C	A	B		D		5			F				

Super

B		6		C						9		3	D	E	
		4		1			8	A							
		0						F		2		1		C	A
		A	8		E	B				1			4	F	
		D		B		E					C	F	5	A	9
			F	9	4			0			6				
2	B		E			D				7					8
0			7	3		1	2								
								8	2		7	4			3
8					9				5			2		1	7
				0			B			4	9	D			
4	5	9	A	D					6		B		0		
	6	5			F				C	3		7	E		
E	1		2		D		6						F		
						5	4			A		C			
	C	F	0		2						8		1		5

	9	1			6	E			D			F		A	B
		8		D		2		0	3				4		
		E		C		B	F		1					3	2
			2				0	F	5			8			6
	5		B					6	A	2					
	C					A		5					E		
	D		6								4			0	F
4				8	C	7					9				A
	1	4	A		3		D	E	C	B					
			C	2	0							6	B	D	
	0	B	E			9		2			D				
	F			7							A		0		
5						8		1	2	6					
1		6			9		7			C	3	E			
7		C		F						E		B	8		D
F				B	A		1			7		C	3		0

				A		F		4		6	C	8	9		
	3	9			2	1	C	8	B	D					
2		F	8			D	3					5	7		
5		D		9						2				0	
E		2										9		1	
	A			4	0			9		C	B				
B	D			2		C							E		8
			3		F	A			5						
						5			7	0		3			
3		6							4		A			B	1
				0	4		7			E	D			C	
	8		9										6		7
	C				6						9		B		F
		8	1					5	C			2	A		6
					A	2	9	F	0	3			1	5	
		7	4	D	8		1		2			E			

					E		4					B			3
					6		B	8	F	0		7			
B		7						A				0	5	4	C
9	F	0	A		7				C	B			8		
	E			F	8			5	0	1	2	D			
0	A	6	B		3		9				7				F
	9		1	7			2	3							0
								4						6	
		9				3					B	E	4		
5				2		D		0		8	1				
2	8		C									3	A	F	9
F				E		5	A	7				8	D		
4		3		C								F		1	6
	1		E			9	5							7	A
						2	8		3	7	4	5			
				3	A	7					5				

		8	2	C		7				4					
	0		F	B					E				D	C	6
5	A				6	4						B	3	2	
			E				0	8	7	1	3	5			
8		F			E				A						1
E	C		B								0	7	8		D
		4		8	0	D	C		F	9	B				
9			6	1			B					F			
			7					5			6	3			8
				F	1	8		3	B	7	D		A		
2		6	5	9								C		1	E
D						C				8			5		9
			8	7	9	5	D	1				6			
	B	9	C					F	8					5	A
6	7	5				F					9	E		8	
					2				D		C	1	4		

E	6	9	8					0	5				3	4	7
C	3		1	4		5						2	6		
					9			F					C	5	
				B	A	6	2	E							1
	D		7	3				1		6					
		A							9		0	1			6
	4	6	C		1	7			3	B					5
						B							0		
F			3		9		7				D			6	
	8		5					3		C	A	E			
2			4		B						E			1	9
	7		0	2	3		F				1	C			
D					F			6				0	5		
8	1	0		D		C				7			B		
				9		E		4	5			6	1		3
7			F					8						2	A

			D	1				0		8	2				
A		8	C	3				1	F						
	9				4	D		5				7	F		6
E				F								A	8	B	
			B	A	3			6					C	0	5
	4	2			D	6	5		8					E	
			A		C	8									3
F	5					0		C	7		A		B	8	
	2	3		8		F	E		0					C	7
7									4	2		9			
	8				5			7	9	E			A	6	
1	F	4					0			3	B	5			
	3	1	9									8			E
D		7	8				9		A	B				4	
					A	C					9	2	0		D
				2	6		7				C	8			

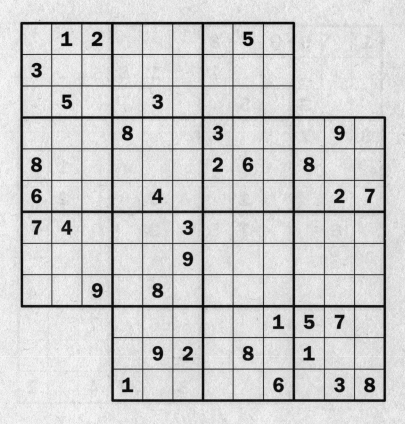

Duplex: Type 1

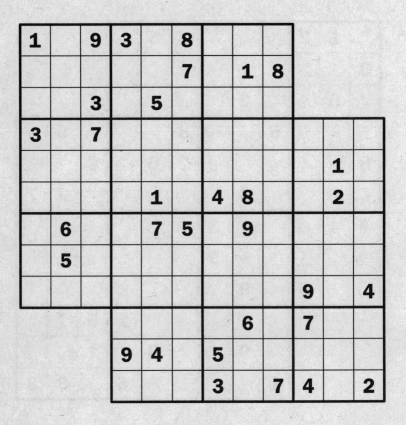

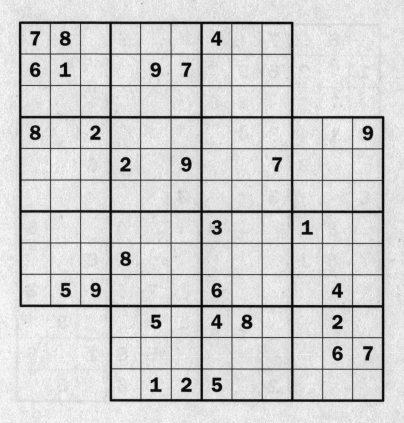

Duplex: Type 1

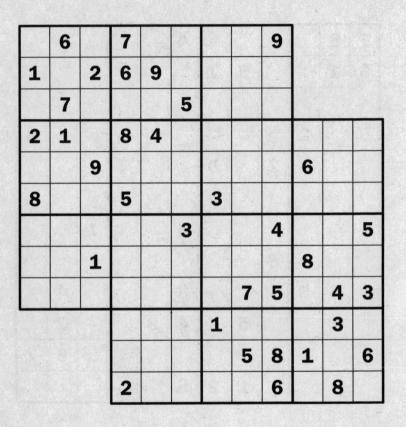

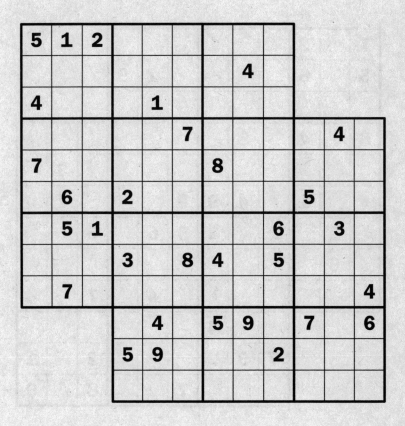

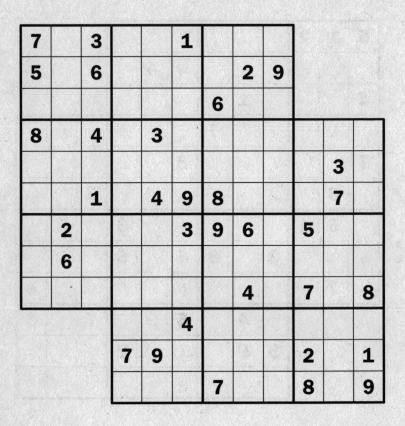

Duplex: Type 1

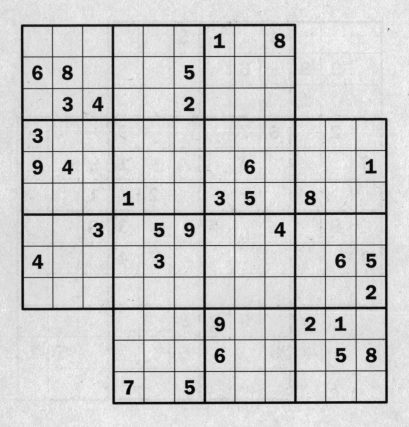

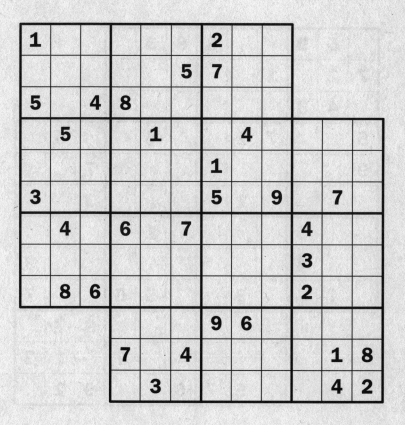

Duplex: Type 1

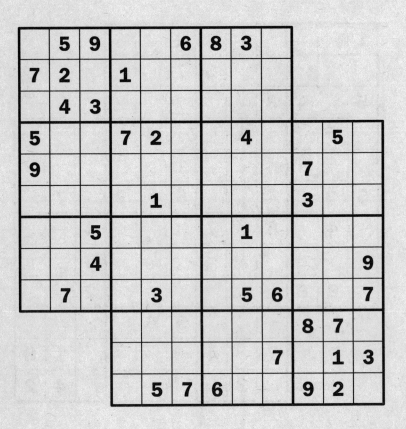

Duplex: Type 2

			3											
8				7			6	4						
		2		6										
				9										
6						8	5							
4	5	1						9						
	8					7			5	8		4		
		5			1				7			3		
		6		4	9			3					2	
						9						5	6	1
							2	4						9
										1				
										9		6		
						2	5			6				7
											2			

183

			1	7	6	2		5						
	2		4											
	1	5												
6					5	3								
9				3	4	6								
		7					5	8						
8		4							6		7			8
	7													
			8			9			1	2				
												4		
							3	5		6			7	
								1		9				
						2	8					9	1	
									5		1			4
												6		

Duplex: Type 2

187

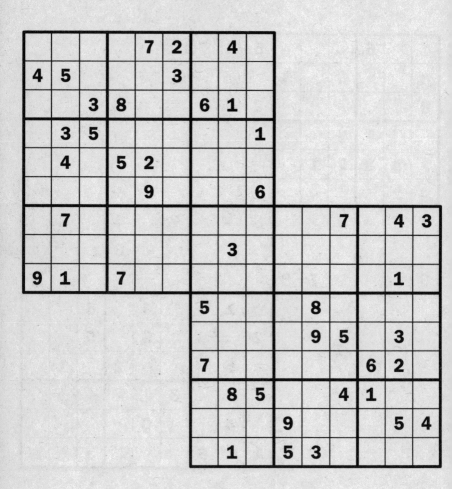

Duplex: Type 2

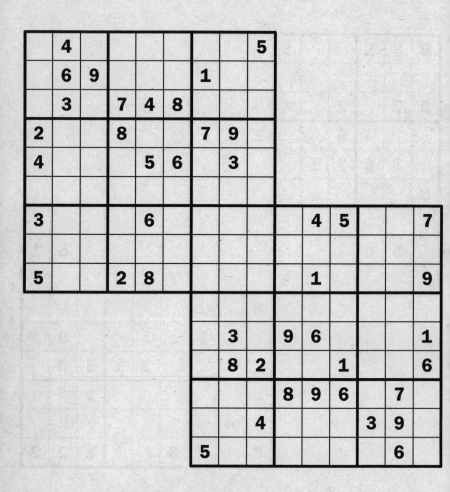

191

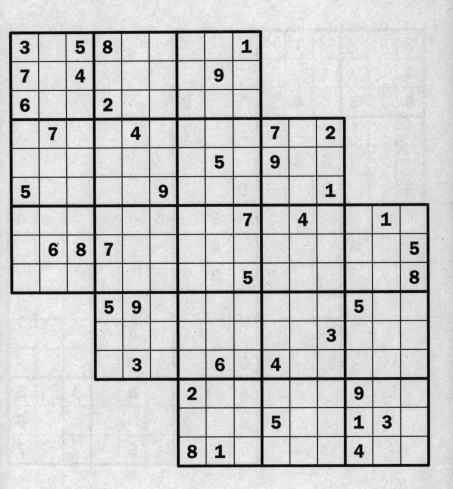

Triplex

192

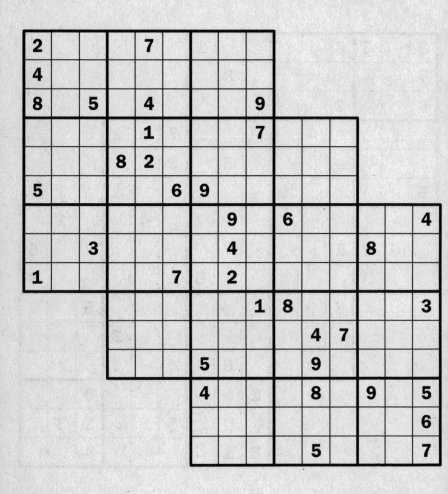

193

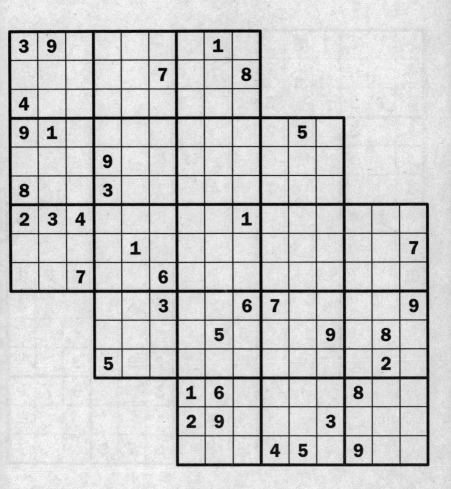

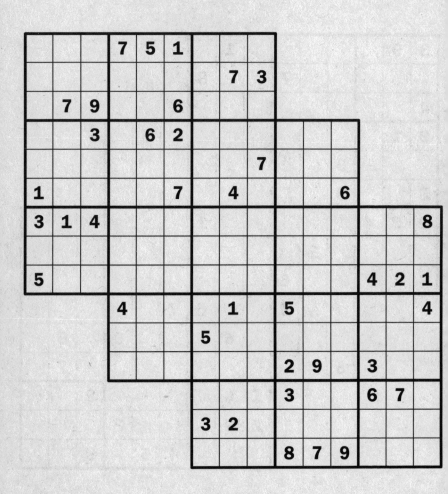

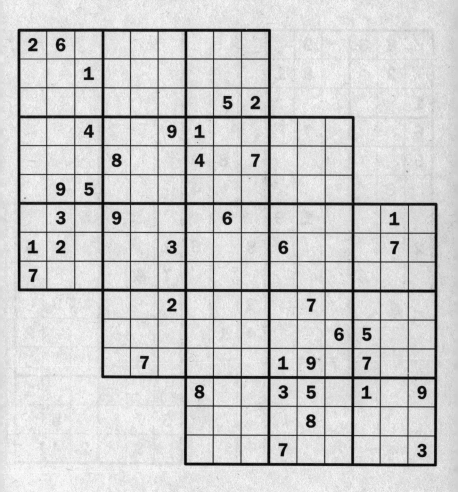

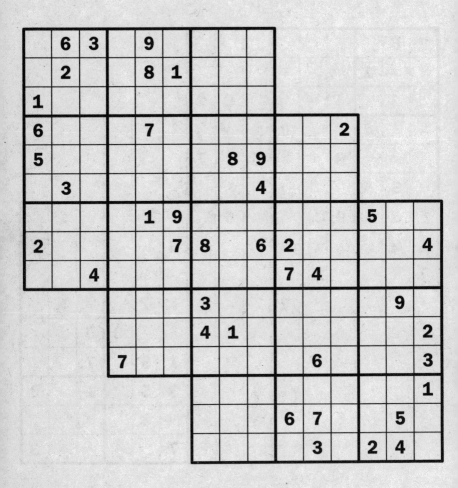

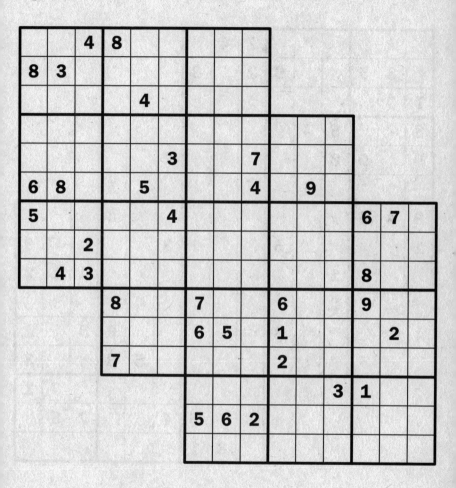

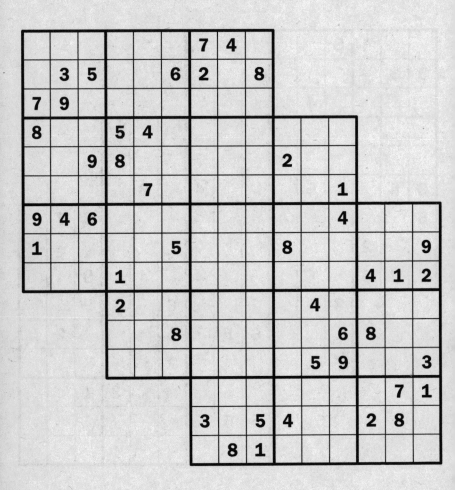

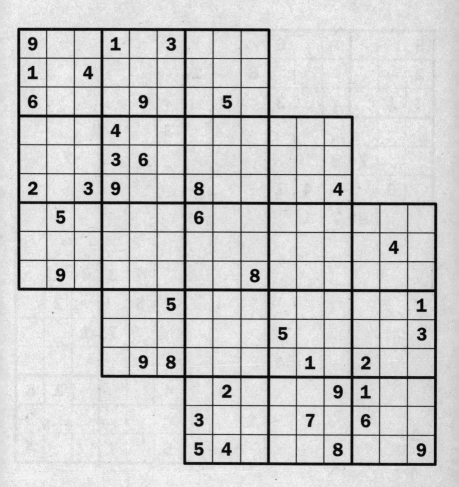

200

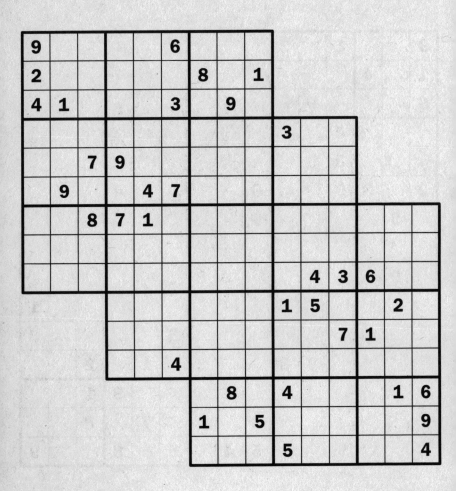

SOLUTIONS

1

2	5	9	1	7	8	3	4	6
8	7	1	3	6	4	5	2	9
4	6	3	2	9	5	1	8	7
5	1	4	7	8	2	6	9	3
6	8	2	9	5	3	7	1	4
3	9	7	6	4	1	2	5	8
1	4	8	5	3	6	9	7	2
9	3	5	4	2	7	8	6	1
7	2	6	8	1	9	4	3	5

2

2	1	9	7	5	8	4	3	6
4	6	8	1	3	2	7	5	9
5	7	3	6	4	9	2	1	8
8	5	6	4	1	3	9	7	2
7	4	1	2	9	6	5	8	3
9	3	2	5	8	7	6	4	1
3	9	7	8	2	4	1	6	5
1	8	4	9	6	5	3	2	7
6	2	5	3	7	1	8	9	4

3

7	5	9	6	2	1	4	8	3
6	3	1	8	7	4	9	2	5
8	4	2	9	5	3	7	6	1
1	7	5	4	6	2	3	9	8
4	2	8	3	9	5	6	1	7
9	6	3	7	1	8	5	4	2
3	9	6	2	8	7	1	5	4
2	1	4	5	3	6	8	7	9
5	8	7	1	4	9	2	3	6

4

4	5	3	8	7	9	6	2	1
7	6	8	5	2	1	3	9	4
9	2	1	3	6	4	8	5	7
2	1	7	9	5	6	4	3	8
6	3	9	4	1	8	5	7	2
5	8	4	7	3	2	1	6	9
3	4	6	1	9	7	2	8	5
8	9	5	2	4	3	7	1	6
1	7	2	6	8	5	9	4	3

Solutions

5

6	5	8	9	2	1	7	4	3
3	7	2	4	8	6	9	5	1
9	1	4	5	3	7	8	2	6
1	4	3	6	5	8	2	9	7
7	8	6	2	9	4	1	3	5
2	9	5	7	1	3	4	6	8
8	2	9	1	6	5	3	7	4
4	6	1	3	7	2	5	8	9
5	3	7	8	4	9	6	1	2

6

5	6	7	4	8	3	1	2	9
8	2	1	9	6	7	3	4	5
9	3	4	1	5	2	7	6	8
6	1	9	3	4	8	5	7	2
3	4	2	5	7	9	8	1	6
7	5	8	6	2	1	4	9	3
2	7	6	8	1	5	9	3	4
1	9	5	2	3	4	6	8	7
4	8	3	7	9	6	2	5	1

7

6	8	5	7	3	4	1	2	9
2	7	3	6	1	9	5	4	8
9	4	1	2	5	8	7	6	3
7	9	2	3	4	6	8	1	5
8	5	4	9	2	1	3	7	6
1	3	6	5	8	7	4	9	2
5	2	7	4	6	3	9	8	1
3	1	9	8	7	2	6	5	4
4	6	8	1	9	5	2	3	7

8

6	2	1	3	8	7	9	4	5
3	8	5	9	6	4	1	2	7
4	7	9	5	2	1	3	8	6
2	4	8	7	5	9	6	3	1
9	6	3	8	1	2	7	5	4
5	1	7	4	3	6	2	9	8
1	3	6	2	4	5	8	7	9
8	9	4	6	7	3	5	1	2
7	5	2	1	9	8	4	6	3

9

7	2	1	5	6	9	4	8	3
3	6	4	2	1	8	7	9	5
8	9	5	3	7	4	2	1	6
4	7	6	9	3	1	8	5	2
2	1	8	4	5	7	6	3	9
5	3	9	8	2	6	1	7	4
9	4	7	6	8	5	3	2	1
6	8	3	1	9	2	5	4	7
1	5	2	7	4	3	9	6	8

10

5	3	2	4	9	1	6	7	8
8	4	6	2	7	5	9	3	1
9	1	7	6	3	8	2	4	5
1	6	4	7	5	3	8	2	9
2	5	8	9	4	6	7	1	3
3	7	9	1	8	2	5	6	4
6	9	3	5	1	7	4	8	2
4	2	1	8	6	9	3	5	7
7	8	5	3	2	4	1	9	6

11

5	1	7	9	2	8	3	4	6
2	6	8	4	3	5	9	7	1
3	4	9	7	6	1	2	8	5
1	2	6	8	7	9	4	5	3
9	7	4	6	5	3	8	1	2
8	5	3	2	1	4	7	6	9
4	9	5	3	8	6	1	2	7
6	3	2	1	4	7	5	9	8
7	8	1	5	9	2	6	3	4

12

2	4	7	9	5	3	6	8	1
1	8	9	4	6	2	3	7	5
3	5	6	1	7	8	9	4	2
5	2	4	3	8	1	7	6	9
6	9	8	7	2	5	4	1	3
7	1	3	6	9	4	2	5	8
9	3	5	8	4	6	1	2	7
8	6	1	2	3	7	5	9	4
4	7	2	5	1	9	8	3	6

13

4	1	2	8	9	6	7	3	5
7	3	8	2	5	4	6	1	9
9	6	5	7	3	1	4	2	8
6	5	1	4	2	8	3	9	7
2	7	3	9	6	5	8	4	1
8	4	9	1	7	3	2	5	6
3	8	4	5	1	7	9	6	2
1	9	7	6	4	2	5	8	3
5	2	6	3	8	9	1	7	4

14

8	3	5	7	1	4	2	6	9
9	7	2	8	6	5	3	4	1
6	1	4	9	2	3	8	7	5
2	5	1	4	7	6	9	3	8
3	6	8	5	9	2	7	1	4
4	9	7	3	8	1	5	2	6
7	4	3	1	5	9	6	8	2
1	2	9	6	3	8	4	5	7
5	8	6	2	4	7	1	9	3

15

1	4	3	9	5	6	8	7	2
8	7	9	2	3	1	5	6	4
6	2	5	4	8	7	3	1	9
5	3	4	7	9	2	6	8	1
2	9	8	1	6	3	4	5	7
7	1	6	8	4	5	2	9	3
4	8	1	5	2	9	7	3	6
9	6	2	3	7	8	1	4	5
3	5	7	6	1	4	9	2	8

16

2	5	4	9	7	8	1	3	6
9	6	1	5	2	3	7	8	4
8	7	3	6	1	4	2	9	5
5	2	8	4	3	9	6	1	7
4	1	9	7	6	2	3	5	8
6	3	7	1	8	5	9	4	2
1	4	2	3	5	6	8	7	9
3	8	5	2	9	7	4	6	1
7	9	6	8	4	1	5	2	3

Solutions

17

7	5	3	9	2	1	8	6	4
6	9	8	7	5	4	2	1	3
2	1	4	6	8	3	7	5	9
8	3	7	5	6	2	9	4	1
9	4	2	1	3	8	5	7	6
5	6	1	4	9	7	3	8	2
1	8	9	2	4	5	6	3	7
3	7	6	8	1	9	4	2	5
4	2	5	3	7	6	1	9	8

18

7	5	8	9	1	4	3	6	2
9	3	1	6	8	2	4	5	7
2	4	6	5	3	7	9	8	1
4	9	3	8	5	1	7	2	6
1	8	2	7	6	9	5	4	3
5	6	7	4	2	3	8	1	9
3	7	5	2	4	6	1	9	8
8	2	9	1	7	5	6	3	4
6	1	4	3	9	8	2	7	5

19

7	3	4	8	6	5	9	2	1
6	1	8	4	9	2	5	3	7
5	2	9	1	7	3	6	4	8
1	9	6	5	8	4	2	7	3
2	4	3	6	1	7	8	5	9
8	5	7	2	3	9	4	1	6
4	8	1	3	5	6	7	9	2
9	6	2	7	4	1	3	8	5
3	7	5	9	2	8	1	6	4

20

1	5	4	7	3	8	6	9	2
7	9	2	4	5	6	8	1	3
6	8	3	1	9	2	5	7	4
2	7	8	3	6	9	1	4	5
5	6	9	8	4	1	2	3	7
4	3	1	5	2	7	9	8	6
9	1	5	6	7	4	3	2	8
3	2	7	9	8	5	4	6	1
8	4	6	2	1	3	7	5	9

21

7	6	4	9	8	3	1	5	2
3	1	9	2	5	4	7	6	8
5	2	8	7	6	1	4	3	9
2	4	7	6	1	9	5	8	3
8	5	6	4	3	2	9	1	7
1	9	3	8	7	5	2	4	6
6	8	2	1	4	7	3	9	5
9	3	1	5	2	6	8	7	4
4	7	5	3	9	8	6	2	1

22

9	8	6	1	3	5	2	4	7
7	2	4	8	9	6	3	5	1
3	1	5	7	4	2	8	9	6
6	7	1	3	8	4	9	2	5
5	4	9	2	6	1	7	8	3
8	3	2	5	7	9	1	6	4
4	6	3	9	2	7	5	1	8
2	5	7	4	1	8	6	3	9
1	9	8	6	5	3	4	7	2

23

2	5	3	7	1	4	8	6	9
1	9	6	3	8	5	2	4	7
4	8	7	2	6	9	3	5	1
5	1	4	9	3	2	7	8	6
9	6	8	1	5	7	4	2	3
7	3	2	6	4	8	9	1	5
3	4	5	8	7	1	6	9	2
6	2	1	4	9	3	5	7	8
8	7	9	5	2	6	1	3	4

24

7	4	1	5	9	2	3	8	6
2	9	3	7	6	8	5	4	1
5	6	8	1	4	3	7	9	2
1	7	6	4	2	5	8	3	9
8	5	2	3	1	9	6	7	4
4	3	9	6	8	7	1	2	5
3	1	5	9	7	4	2	6	8
9	8	7	2	5	6	4	1	3
6	2	4	8	3	1	9	5	7

Solutions

25

2	3	7	5	4	9	6	1	8
4	8	6	3	1	7	2	5	9
9	1	5	2	6	8	7	4	3
1	9	2	6	7	4	3	8	5
5	4	3	8	9	2	1	6	7
6	7	8	1	5	3	4	9	2
3	6	1	7	8	5	9	2	4
7	5	9	4	2	1	8	3	6
8	2	4	9	3	6	5	7	1

26

1	8	7	3	9	5	4	2	6
9	4	3	6	2	7	5	1	8
5	6	2	8	4	1	7	9	3
6	2	4	7	8	9	3	5	1
8	5	9	1	6	3	2	7	4
7	3	1	2	5	4	6	8	9
4	1	8	5	7	6	9	3	2
2	7	6	9	3	8	1	4	5
3	9	5	4	1	2	8	6	7

27

8	9	1	2	5	6	4	3	7
5	3	6	1	4	7	2	8	9
4	2	7	3	9	8	5	1	6
9	7	2	5	8	3	1	6	4
1	6	4	7	2	9	3	5	8
3	5	8	6	1	4	9	7	2
7	1	9	8	3	2	6	4	5
6	4	5	9	7	1	8	2	3
2	8	3	4	6	5	7	9	1

28

7	9	2	6	4	1	3	8	5
1	4	5	3	2	8	9	7	6
6	8	3	5	7	9	4	2	1
3	5	7	4	8	2	1	6	9
4	6	1	9	3	7	8	5	2
9	2	8	1	6	5	7	3	4
2	7	4	8	1	6	5	9	3
8	1	9	2	5	3	6	4	7
5	3	6	7	9	4	2	1	8

29

4	7	9	2	8	1	6	3	5
1	3	5	7	4	6	9	2	8
2	8	6	9	3	5	1	4	7
9	1	2	8	5	4	3	7	6
5	6	3	1	2	7	4	8	9
8	4	7	6	9	3	5	1	2
6	9	4	3	7	2	8	5	1
3	2	1	5	6	8	7	9	4
7	5	8	4	1	9	2	6	3

30

2	6	1	3	9	5	8	7	4
4	3	7	2	1	8	6	9	5
8	9	5	6	7	4	2	3	1
1	8	6	9	5	3	7	4	2
5	7	2	4	6	1	3	8	9
3	4	9	8	2	7	1	5	6
7	1	4	5	8	6	9	2	3
6	2	3	7	4	9	5	1	8
9	5	8	1	3	2	4	6	7

31

9	3	2	5	1	4	6	8	7
4	8	6	9	7	3	1	2	5
1	5	7	8	6	2	3	9	4
3	2	1	4	9	6	7	5	8
6	4	5	7	8	1	2	3	9
8	7	9	2	3	5	4	6	1
5	6	4	1	2	9	8	7	3
7	9	3	6	4	8	5	1	2
2	1	8	3	5	7	9	4	6

32

5	9	1	6	7	3	2	8	4
8	6	4	5	9	2	7	1	3
2	7	3	4	8	1	5	9	6
7	4	8	2	3	6	9	5	1
6	3	5	9	1	8	4	2	7
9	1	2	7	5	4	3	6	8
3	2	7	1	6	5	8	4	9
4	8	6	3	2	9	1	7	5
1	5	9	8	4	7	6	3	2

33

3	4	2	8	6	5	7	1	9
1	6	7	3	9	4	5	8	2
9	8	5	7	2	1	3	6	4
8	7	1	2	4	3	6	9	5
2	5	4	9	1	6	8	7	3
6	9	3	5	8	7	2	4	1
7	2	8	1	5	9	4	3	6
5	1	6	4	3	8	9	2	7
4	3	9	6	7	2	1	5	8

34

3	2	5	7	9	4	1	8	6
7	4	9	6	1	8	3	2	5
8	6	1	2	5	3	4	9	7
2	3	6	4	8	5	7	1	9
5	9	4	1	3	7	8	6	2
1	8	7	9	2	6	5	4	3
4	5	8	3	6	9	2	7	1
9	7	2	5	4	1	6	3	8
6	1	3	8	7	2	9	5	4

35

5	7	9	4	1	3	8	6	2
3	6	4	5	8	2	9	7	1
2	1	8	9	7	6	4	3	5
8	4	5	1	3	9	7	2	6
9	2	1	7	6	5	3	8	4
6	3	7	8	2	4	1	5	9
7	8	2	6	4	1	5	9	3
1	9	3	2	5	8	6	4	7
4	5	6	3	9	7	2	1	8

36

3	9	6	4	2	5	8	1	7
8	2	1	6	9	7	4	5	3
7	4	5	3	8	1	6	2	9
2	5	4	8	7	9	1	3	6
1	7	3	5	6	4	2	9	8
6	8	9	1	3	2	7	4	5
4	1	8	9	5	6	3	7	2
5	3	2	7	1	8	9	6	4
9	6	7	2	4	3	5	8	1

Solutions

37

8	6	9	4	1	5	7	2	3
2	5	7	8	3	9	6	4	1
3	4	1	2	7	6	8	9	5
4	2	6	9	5	8	1	3	7
5	1	8	3	4	7	2	6	9
9	7	3	1	6	2	5	8	4
6	8	4	7	9	1	3	5	2
1	9	5	6	2	3	4	7	8
7	3	2	5	8	4	9	1	6

38

3	8	1	9	6	5	7	2	4
2	5	6	1	7	4	8	9	3
7	9	4	2	8	3	1	6	5
8	6	3	5	4	9	2	7	1
4	1	2	6	3	7	5	8	9
5	7	9	8	2	1	3	4	6
1	2	5	7	9	6	4	3	8
9	3	7	4	1	8	6	5	2
6	4	8	3	5	2	9	1	7

39

2	5	7	9	1	8	4	3	6
1	4	3	6	7	5	8	9	2
6	9	8	3	2	4	7	5	1
9	2	1	7	5	6	3	4	8
7	8	6	4	3	9	1	2	5
5	3	4	2	8	1	9	6	7
8	7	9	5	6	3	2	1	4
4	6	2	1	9	7	5	8	3
3	1	5	8	4	2	6	7	9

40

9	8	2	6	4	5	1	3	7
6	3	7	2	1	9	8	4	5
1	4	5	8	3	7	2	6	9
4	5	8	9	2	3	7	1	6
2	7	6	1	5	4	9	8	3
3	1	9	7	6	8	5	2	4
5	2	1	3	9	6	4	7	8
8	6	4	5	7	1	3	9	2
7	9	3	4	8	2	6	5	1

Solutions

41

3	6	2	1	5	7	8	4	9
1	4	7	9	3	8	2	6	5
8	9	5	6	4	2	3	1	7
7	5	3	8	9	1	6	2	4
2	8	6	5	7	4	1	9	3
4	1	9	3	2	6	5	7	8
9	7	8	2	6	3	4	5	1
5	2	1	4	8	9	7	3	6
6	3	4	7	1	5	9	8	2

42

1	4	5	2	9	6	8	7	3
2	3	8	7	1	5	4	6	9
6	7	9	4	8	3	2	5	1
5	9	2	3	7	4	1	8	6
3	1	4	8	6	2	5	9	7
7	8	6	1	5	9	3	4	2
9	6	1	5	2	8	7	3	4
8	2	3	6	4	7	9	1	5
4	5	7	9	3	1	6	2	8

43

1	7	5	2	4	9	3	8	6
3	9	2	6	8	1	5	4	7
8	6	4	7	5	3	9	2	1
7	2	3	9	6	4	8	1	5
6	5	9	8	1	2	7	3	4
4	1	8	3	7	5	2	6	9
9	8	7	1	3	6	4	5	2
5	3	6	4	2	7	1	9	8
2	4	1	5	9	8	6	7	3

44

1	3	8	5	9	7	6	4	2
4	2	9	8	6	3	1	7	5
6	5	7	1	2	4	8	3	9
2	7	1	6	4	9	5	8	3
5	6	3	2	8	1	4	9	7
8	9	4	7	3	5	2	6	1
9	4	6	3	5	2	7	1	8
3	1	2	4	7	8	9	5	6
7	8	5	9	1	6	3	2	4

Solutions

45

2	1	8	3	9	7	5	4	6
6	4	7	5	1	8	3	2	9
5	9	3	6	2	4	8	1	7
3	8	4	2	6	1	7	9	5
9	7	2	4	8	5	1	6	3
1	6	5	7	3	9	4	8	2
8	2	6	1	7	3	9	5	4
4	3	9	8	5	6	2	7	1
7	5	1	9	4	2	6	3	8

46

7	8	6	4	1	5	2	3	9
1	2	5	3	9	8	4	6	7
3	9	4	2	6	7	8	1	5
4	7	9	1	5	3	6	2	8
8	3	1	9	2	6	5	7	4
6	5	2	8	7	4	3	9	1
9	6	8	5	3	1	7	4	2
5	1	7	6	4	2	9	8	3
2	4	3	7	8	9	1	5	6

47

6	2	9	1	8	7	3	5	4
7	4	3	2	6	5	1	9	8
1	5	8	4	3	9	2	6	7
4	8	5	6	1	2	7	3	9
3	9	6	5	7	8	4	2	1
2	7	1	9	4	3	6	8	5
5	3	7	8	2	1	9	4	6
8	1	4	3	9	6	5	7	2
9	6	2	7	5	4	8	1	3

48

7	5	1	8	2	4	6	3	9
9	2	6	5	7	3	8	4	1
8	4	3	1	6	9	5	7	2
3	9	7	6	4	1	2	5	8
6	1	5	3	8	2	4	9	7
4	8	2	7	9	5	1	6	3
2	3	4	9	5	8	7	1	6
5	6	9	2	1	7	3	8	4
1	7	8	4	3	6	9	2	5

49

9	4	8	1	5	2	7	3	6
6	5	7	8	4	3	1	9	2
3	2	1	6	7	9	8	5	4
5	9	6	7	2	8	4	1	3
2	8	3	4	1	5	6	7	9
7	1	4	9	3	6	2	8	5
4	7	2	5	9	1	3	6	8
8	3	5	2	6	7	9	4	1
1	6	9	3	8	4	5	2	7

50

7	4	5	6	3	2	9	1	8
8	3	2	9	5	1	4	7	6
9	1	6	7	8	4	3	2	5
5	7	8	3	4	9	1	6	2
6	2	4	1	7	5	8	3	9
1	9	3	8	2	6	5	4	7
4	6	7	5	9	3	2	8	1
3	5	1	2	6	8	7	9	4
2	8	9	4	1	7	6	5	3

51

3	6	2	5	1	4
4	5	1	2	6	3
2	4	5	1	3	6
1	3	6	4	5	2
5	2	3	6	4	1
6	1	4	3	2	5

52

6	1	3	4	5	2
2	5	4	1	3	6
1	4	5	6	2	3
3	2	6	5	1	4
5	6	2	3	4	1
4	3	1	2	6	5

53

5	3	4	6	1	2
1	2	6	4	3	5
3	1	5	2	4	6
6	4	2	1	5	3
4	6	3	5	2	1
2	5	1	3	6	4

Solutions

54

6	2	3	5	1	4
1	5	4	6	3	2
4	3	6	2	5	1
2	1	5	3	4	6
5	6	1	4	2	3
3	4	2	1	6	5

55

3	6	2	5	4	1
4	1	5	3	6	2
2	3	6	1	5	4
1	5	4	6	2	3
5	2	3	4	1	6
6	4	1	2	3	5

56

6	3	2	4	5	1
4	5	1	6	3	2
1	6	3	5	2	4
2	4	5	3	1	6
3	2	6	1	4	5
5	1	4	2	6	3

57

4	5	6	3	2	1
1	2	3	6	5	4
3	4	5	1	6	2
6	1	2	4	3	5
2	3	4	5	1	6
5	6	1	2	4	3

58

1	6	5	2	4	3
4	3	2	5	6	1
6	4	1	3	2	5
2	5	3	4	1	6
5	2	6	1	3	4
3	1	4	6	5	2

59

2	5	6	3	4	1
3	4	1	6	2	5
4	6	3	1	5	2
1	2	5	4	6	3
5	1	4	2	3	6
6	3	2	5	1	4

60

6	5	1	4	3	2
2	3	4	6	5	1
3	6	2	5	1	4
4	1	5	2	6	3
1	2	6	3	4	5
5	4	3	1	2	6

61

3	5	4	6	1	2
2	1	6	4	3	5
4	2	1	3	5	6
5	6	3	1	2	4
1	4	2	5	6	3
6	3	5	2	4	1

62

2	3	6	5	4	1
4	5	1	2	6	3
5	1	4	3	2	6
6	2	3	1	5	4
3	6	2	4	1	5
1	4	5	6	3	2

63

1	2	4	3	5	6
6	3	5	2	4	1
2	1	6	4	3	5
5	4	3	6	1	2
4	5	2	1	6	3
3	6	1	5	2	4

64

3	1	2	6	5	4
4	6	5	1	2	3
2	4	6	3	1	5
5	3	1	2	4	6
6	2	4	5	3	1
1	5	3	4	6	2

65

2	1	3	4	5	6
5	6	4	1	2	3
4	2	1	3	6	5
3	5	6	2	4	1
1	4	5	6	3	2
6	3	2	5	1	4

Solutions

66

1	3	5	4	6	2
2	6	4	3	1	5
6	4	3	2	5	1
5	1	2	6	3	4
3	2	1	5	4	6
4	5	6	1	2	3

67

2	5	4	3	6	1
1	3	6	2	4	5
6	1	5	4	2	3
3	4	2	1	5	6
5	2	3	6	1	4
4	6	1	5	3	2

68

5	2	6	1	3	4
3	1	4	2	6	5
2	5	1	6	4	3
4	6	3	5	1	2
6	3	2	4	5	1
1	4	5	3	2	6

69

2	4	6	1	5	3
5	1	3	2	4	6
3	6	5	4	2	1
1	2	4	6	3	5
6	3	2	5	1	4
4	5	1	3	6	2

70

6	4	3	5	2	1
2	1	5	4	3	6
4	5	1	2	6	3
3	6	2	1	4	5
5	2	6	3	1	4
1	3	4	6	5	2

71

3	1	2	6	4	5
5	6	4	1	2	3
4	3	1	2	5	6
2	5	6	4	3	1
1	2	3	5	6	4
6	4	5	3	1	2

Solutions

72

1	4	6	3	2	5
3	5	2	1	6	4
2	1	4	5	3	6
6	3	5	4	1	2
4	2	1	6	5	3
5	6	3	2	4	1

73

2	5	1	6	4	3
6	3	4	5	1	2
3	1	2	4	5	6
5	4	6	2	3	1
1	2	5	3	6	4
4	6	3	1	2	5

74

5	2	1	4	6	3
4	3	6	2	5	1
2	4	3	5	1	6
6	1	5	3	4	2
1	5	2	6	3	4
3	6	4	1	2	5

75

4	6	5	3	2	1
1	2	3	4	5	6
2	4	6	5	1	3
3	5	1	2	6	4
6	3	2	1	4	5
5	1	4	6	3	2

76

5	7	3	9	1	8	4	2	6
2	8	1	5	4	6	9	3	7
4	6	9	2	7	3	8	5	1
1	4	7	8	5	2	3	6	9
3	9	2	1	6	7	5	8	4
6	5	8	3	9	4	7	1	2
7	2	5	4	8	1	6	9	3
9	1	6	7	3	5	2	4	8
8	3	4	6	2	9	1	7	5

Solutions

2	5	8	6	4	7	3	1	9
4	1	9	3	5	2	8	7	6
6	3	7	9	1	8	4	5	2
5	8	4	7	9	1	2	6	3
7	9	1	2	3	6	5	8	4
3	6	2	4	8	5	1	9	7
8	4	6	1	2	9	7	3	5
9	2	5	8	7	3	6	4	1
1	7	3	5	6	4	9	2	8

2	4	5	6	8	3	7	9	1
7	3	1	9	4	5	2	8	6
9	8	6	7	1	2	3	5	4
8	7	4	2	3	9	6	1	5
6	2	3	4	5	1	8	7	9
1	5	9	8	7	6	4	3	2
3	1	2	5	6	8	9	4	7
4	9	8	1	2	7	5	6	3
5	6	7	3	9	4	1	2	8

79

7	1	6	5	2	9	3	8	4
9	2	4	7	3	8	5	1	6
5	8	3	1	6	4	7	2	9
2	5	8	6	7	3	4	9	1
3	4	7	9	8	1	2	6	5
1	6	9	2	4	5	8	3	7
4	7	1	8	9	2	6	5	3
6	9	2	3	5	7	1	4	8
8	3	5	4	1	6	9	7	2

80

3	6	8	5	4	1	2	7	9
7	2	9	8	6	3	5	4	1
5	1	4	7	9	2	3	8	6
1	9	2	4	8	5	6	3	7
6	8	5	9	3	7	4	1	2
4	3	7	2	1	6	9	5	8
8	5	1	3	2	9	7	6	4
2	4	3	6	7	8	1	9	5
9	7	6	1	5	4	8	2	3

6	3	7	5	4	2	8	1	9
2	8	1	3	7	9	6	5	4
5	4	9	8	1	6	2	7	3
8	2	5	9	6	3	1	4	7
3	7	6	4	2	1	5	9	8
9	1	4	7	5	8	3	6	2
1	5	3	2	9	4	7	8	6
4	6	8	1	3	7	9	2	5
7	9	2	6	8	5	4	3	1

6	1	2	9	4	3	5	8	7
7	8	9	6	5	2	1	3	4
3	4	5	7	8	1	9	2	6
8	2	7	3	1	4	6	9	5
1	3	6	5	7	9	2	4	8
5	9	4	8	2	6	7	1	3
9	7	8	2	3	5	4	6	1
2	5	1	4	6	8	3	7	9
4	6	3	1	9	7	8	5	2

83

7	3	6	9	2	8	4	1	5
8	9	4	5	1	7	6	2	3
5	1	2	3	6	4	8	9	7
6	5	1	8	3	9	2	7	4
3	2	7	4	5	1	9	8	6
4	8	9	6	7	2	5	3	1
2	4	3	1	9	5	7	6	8
9	6	8	7	4	3	1	5	2
1	7	5	2	8	6	3	4	9

84

3	6	8	5	9	4	7	1	2
7	2	5	1	8	6	9	3	4
9	4	1	2	7	3	5	8	6
4	7	2	8	3	5	1	6	9
6	8	9	7	4	1	3	2	5
5	1	3	9	6	2	4	7	8
8	3	4	6	1	9	2	5	7
1	5	7	4	2	8	6	9	3
2	9	6	3	5	7	8	4	1

85

1	8	9	6	3	2	4	7	5
5	3	7	9	8	4	6	1	2
2	4	6	5	1	7	8	9	3
7	5	1	3	4	6	9	2	8
3	9	4	7	2	8	5	6	1
8	6	2	1	5	9	3	4	7
4	1	8	2	6	3	7	5	9
6	7	5	8	9	1	2	3	4
9	2	3	4	7	5	1	8	6

86

2	1	5	6	7	3	4	8	9
7	9	8	4	5	2	6	3	1
6	4	3	8	1	9	5	2	7
4	8	2	1	9	7	3	6	5
3	5	9	2	6	4	7	1	8
1	7	6	3	8	5	9	4	2
8	3	7	5	4	1	2	9	6
5	6	4	9	2	8	1	7	3
9	2	1	7	3	6	8	5	4

87

3	7	5	6	1	8	4	2	9
4	2	6	9	3	5	1	7	8
1	8	9	2	7	4	6	5	3
7	3	2	5	8	1	9	4	6
5	4	8	3	6	9	7	1	2
9	6	1	4	2	7	3	8	5
8	9	7	1	5	6	2	3	4
6	1	3	8	4	2	5	9	7
2	5	4	7	9	3	8	6	1

88

1	8	2	7	6	9	4	5	3
3	6	5	4	2	8	1	9	7
4	9	7	1	5	3	8	2	6
8	5	4	3	1	7	2	6	9
6	1	9	2	8	5	7	3	4
2	7	3	9	4	6	5	8	1
9	3	8	5	7	4	6	1	2
5	4	1	6	9	2	3	7	8
7	2	6	8	3	1	9	4	5

89

9	4	7	5	1	3	6	2	8
5	6	8	7	2	9	1	3	4
3	2	1	6	8	4	9	7	5
1	8	9	3	6	7	5	4	2
6	3	4	2	9	5	7	8	1
2	7	5	8	4	1	3	9	6
8	9	2	1	3	6	4	5	7
7	1	3	4	5	8	2	6	9
4	5	6	9	7	2	8	1	3

90

2	1	5	3	7	8	4	6	9
9	7	3	4	6	1	2	8	5
4	8	6	9	2	5	7	1	3
7	9	1	5	4	6	3	2	8
8	6	2	1	9	3	5	4	7
5	3	4	2	8	7	6	9	1
6	2	7	8	5	9	1	3	4
3	5	9	6	1	4	8	7	2
1	4	8	7	3	2	9	5	6

91

2	9	4	5	3	7	6	8	1
8	5	7	6	1	4	9	2	3
1	6	3	8	2	9	4	7	5
7	4	1	2	9	6	3	5	8
5	3	6	1	7	8	2	9	4
9	2	8	3	4	5	1	6	7
6	7	2	4	5	1	8	3	9
3	1	5	9	8	2	7	4	6
4	8	9	7	6	3	5	1	2

92

8	2	5	9	4	7	6	3	1
4	3	1	6	2	5	9	8	7
9	6	7	8	1	3	4	5	2
6	7	2	5	9	8	1	4	3
5	9	4	3	7	1	8	2	6
1	8	3	4	6	2	7	9	5
2	5	6	1	8	9	3	7	4
3	1	8	7	5	4	2	6	9
7	4	9	2	3	6	5	1	8

93

7	5	3	9	1	4	2	8	6
9	8	1	5	6	2	4	7	3
4	2	6	8	3	7	5	1	9
5	9	2	7	4	6	1	3	8
3	4	7	1	8	5	6	9	2
6	1	8	2	9	3	7	4	5
2	7	9	4	5	8	3	6	1
1	6	4	3	2	9	8	5	7
8	3	5	6	7	1	9	2	4

94

6	4	8	7	3	2	5	9	1
5	9	1	4	8	6	7	3	2
7	2	3	5	9	1	6	8	4
4	8	5	3	6	9	2	1	7
9	3	6	2	1	7	8	4	5
1	7	2	8	5	4	9	6	3
8	1	4	6	2	5	3	7	9
2	6	7	9	4	3	1	5	8
3	5	9	1	7	8	4	2	6

4	2	6	1	5	9	7	8	3
5	8	7	6	2	3	9	4	1
1	3	9	8	4	7	2	6	5
8	6	5	4	1	2	3	7	9
9	1	4	3	7	6	8	5	2
3	7	2	5	9	8	6	1	4
6	9	1	2	8	5	4	3	7
7	5	3	9	6	4	1	2	8
2	4	8	7	3	1	5	9	6

5	7	9	1	2	8	4	3	6
4	8	3	9	5	6	7	2	1
1	2	6	4	3	7	9	5	8
2	4	5	7	1	9	8	6	3
6	3	8	5	4	2	1	7	9
7	9	1	6	8	3	5	4	2
9	1	2	3	7	4	6	8	5
8	6	4	2	9	5	3	1	7
3	5	7	8	6	1	2	9	4

Solutions

5	9	6	4	7	3	2	1	8
8	4	1	6	5	2	7	9	3
3	2	7	8	9	1	5	4	6
1	3	2	7	6	9	4	8	5
4	6	8	2	1	5	3	7	9
7	5	9	3	8	4	6	2	1
6	8	5	9	2	7	1	3	4
2	1	4	5	3	8	9	6	7
9	7	3	1	4	6	8	5	2

1	7	9	8	6	5	2	4	3
8	5	4	3	2	7	1	9	6
3	2	6	1	9	4	5	7	8
7	6	2	4	5	1	3	8	9
4	1	3	9	7	8	6	5	2
9	8	5	2	3	6	4	1	7
2	9	8	5	1	3	7	6	4
5	4	7	6	8	2	9	3	1
6	3	1	7	4	9	8	2	5

99

6	7	9	4	1	8	5	2	3
8	5	1	6	3	2	9	7	4
2	3	4	7	5	9	8	1	6
9	4	5	2	8	3	1	6	7
7	2	3	9	6	1	4	8	5
1	8	6	5	7	4	3	9	2
3	1	7	8	2	5	6	4	9
4	6	8	3	9	7	2	5	1
5	9	2	1	4	6	7	3	8

100

5	4	2	1	9	8	3	6	7
3	1	6	7	5	2	8	4	9
8	7	9	3	6	4	2	5	1
4	3	5	9	7	1	6	2	8
6	2	7	4	8	5	9	1	3
1	9	8	2	3	6	5	7	4
9	6	4	8	2	7	1	3	5
7	5	3	6	1	9	4	8	2
2	8	1	5	4	3	7	9	6

Solutions

101

3	5	1	2	6	4
2	6	4	5	3	1
5	1	6	4	2	3
6	3	2	1	4	5
4	2	5	3	1	6
1	4	3	6	5	2

102

3	5	4	1	2	6
4	6	1	5	3	2
1	2	6	3	5	4
2	3	5	4	6	1
6	4	3	2	1	5
5	1	2	6	4	3

103

3	5	6	4	1	2
6	1	2	5	3	4
5	4	3	2	6	1
1	6	4	3	2	5
2	3	5	1	4	6
4	2	1	6	5	3

104

6	1	2	5	4	3
4	2	3	1	6	5
2	5	6	4	3	1
5	3	4	6	1	2
1	4	5	3	2	6
3	6	1	2	5	4

105

3	6	1	4	5	2
2	1	5	6	3	4
5	4	2	3	1	6
6	2	3	1	4	5
4	3	6	5	2	1
1	5	4	2	6	3

106

4	6	1	5	3	2
3	2	5	6	4	1
5	1	4	3	2	6
1	3	2	4	6	5
6	5	3	2	1	4
2	4	6	1	5	3

107

2	3	6	1	5	4
4	5	1	2	3	6
5	6	3	4	2	1
6	4	2	3	1	5
1	2	4	5	6	3
3	1	5	6	4	2

108

2	6	3	5	4	1
4	3	1	2	6	5
6	5	4	1	2	3
5	4	2	3	1	6
1	2	5	6	3	4
3	1	6	4	5	2

109

3	4	6	1	5	2
2	5	1	4	3	6
1	6	5	2	4	3
4	3	2	5	6	1
6	2	4	3	1	5
5	1	3	6	2	4

110

6	1	5	2	3	4
2	5	4	1	6	3
1	3	6	4	5	2
5	2	3	6	4	1
4	6	2	3	1	5
3	4	1	5	2	6

111

4	1	7	3	5	6	2
7	3	5	1	4	2	6
5	6	2	7	3	4	1
3	4	6	2	1	5	7
6	7	4	5	2	1	3
1	2	3	4	6	7	5
2	5	1	6	7	3	4

112

4	5	1	7	3	2	6
1	3	7	5	4	6	2
3	2	6	1	7	4	5
2	1	4	6	5	7	3
7	4	2	3	6	5	1
5	6	3	4	2	1	7
6	7	5	2	1	3	4

Solutions

113

3	5	2	1	4	6	7
7	2	1	5	3	4	6
5	4	6	3	1	7	2
4	1	7	6	2	5	3
2	7	5	4	6	3	1
6	3	4	2	7	1	5
1	6	3	7	5	2	4

114

7	2	6	5	3	4	1
1	4	5	7	2	6	3
2	6	3	4	7	1	5
6	1	2	3	5	7	4
3	7	1	6	4	5	2
4	5	7	2	1	3	6
5	3	4	1	6	2	7

115

2	4	7	6	5	1	3
6	7	1	4	2	3	5
4	3	5	2	7	6	1
1	2	3	5	6	4	7
7	6	4	1	3	5	2
3	5	6	7	1	2	4
5	1	2	3	4	7	6

116

3	6	4	5	2	7	1
7	4	5	3	6	1	2
4	2	1	7	3	6	5
2	7	6	1	5	4	3
6	3	2	4	1	5	7
5	1	3	6	7	2	4
1	5	7	2	4	3	6

117

2	1	3	6	5	7	4
3	5	7	1	2	4	6
5	4	6	7	1	3	2
4	2	5	3	6	1	7
1	3	2	4	7	6	5
7	6	1	2	4	5	3
6	7	4	5	3	2	1

118

5	7	4	2	3	6	1
1	2	6	5	7	3	4
7	4	3	6	5	1	2
3	5	1	4	2	7	6
2	1	7	3	6	4	5
4	6	2	7	1	5	3
6	3	5	1	4	2	7

119

4	3	6	2	5	1	7
7	6	2	4	3	5	1
2	5	1	6	4	7	3
3	7	5	1	2	4	6
5	4	7	3	1	6	2
6	1	3	5	7	2	4
1	2	4	7	6	3	5

120

3	2	5	6	4	7	1
5	7	1	2	3	4	6
2	4	6	3	5	1	7
4	3	7	1	6	2	5
7	5	2	4	1	6	3
6	1	4	5	7	3	2
1	6	3	7	2	5	4

121

4	2	6	3	5	7	1	8
1	3	8	2	7	5	6	4
5	7	4	8	6	1	2	3
2	8	1	6	3	4	5	7
6	5	7	1	4	3	8	2
8	1	3	4	2	6	7	5
3	6	5	7	8	2	4	1
7	4	2	5	1	8	3	6

122

3	1	7	8	6	5	4	2
2	6	4	7	5	3	1	8
5	8	3	4	1	2	6	7
7	4	2	1	8	6	5	3
1	5	6	2	3	8	7	4
6	7	8	3	4	1	2	5
8	2	5	6	7	4	3	1
4	3	1	5	2	7	8	6

123

2	7	8	6	3	1	5	4
4	5	3	1	8	7	2	6
6	1	7	5	4	2	3	8
3	6	4	2	5	8	1	7
5	8	1	7	2	4	6	3
7	3	2	4	6	5	8	1
8	4	5	3	1	6	7	2
1	2	6	8	7	3	4	5

124

4	1	3	6	5	7	8	2
2	7	8	4	3	5	1	6
5	6	2	7	8	1	4	3
7	4	1	8	6	3	2	5
8	3	5	1	2	6	7	4
1	5	6	2	4	8	3	7
3	2	7	5	1	4	6	8
6	8	4	3	7	2	5	1

125

1	8	4	7	6	3	5	2
7	2	5	3	4	8	1	6
3	6	1	8	5	2	7	4
4	3	2	5	7	6	8	1
6	5	8	2	1	7	4	3
2	4	7	1	3	5	6	8
8	7	6	4	2	1	3	5
5	1	3	6	8	4	2	7

126

1	8	4	2	7	6	5	3
3	6	2	5	4	8	1	7
5	7	6	8	3	1	4	2
4	2	3	1	5	7	6	8
7	1	8	3	6	5	2	4
8	4	5	6	2	3	7	1
2	5	1	7	8	4	3	6
6	3	7	4	1	2	8	5

127

4	6	1	8	7	3	5	2
5	7	2	1	3	8	4	6
8	3	4	2	6	5	1	7
2	1	6	5	4	7	8	3
7	8	3	6	5	4	2	1
3	2	5	4	1	6	7	8
6	5	8	7	2	1	3	4
1	4	7	3	8	2	6	5

128

3	2	7	8	1	5	6	4
6	8	5	3	4	1	7	2
1	4	2	5	6	7	3	8
8	1	6	7	2	4	5	3
7	5	4	2	3	6	8	1
4	7	3	6	8	2	1	5
2	6	8	1	5	3	4	7
5	3	1	4	7	8	2	6

129

7	3	8	1	5	2	6	4
1	6	5	4	2	3	8	7
4	2	6	3	7	8	5	1
2	1	7	8	4	5	3	6
5	8	3	7	6	4	1	2
8	5	4	6	1	7	2	3
6	4	2	5	3	1	7	8
3	7	1	2	8	6	4	5

130

8	4	6	5	3	2	1	7
1	5	3	7	2	6	4	8
2	7	8	6	1	4	3	5
6	3	1	4	5	7	8	2
4	2	5	8	7	1	6	3
3	8	7	1	6	5	2	4
5	6	2	3	4	8	7	1
7	1	4	2	8	3	5	6

131

4	6	3	9	5	2	7	8	1
2	7	5	8	3	6	1	9	4
6	3	9	1	8	4	5	7	2
9	4	7	2	1	8	6	3	5
1	8	2	7	9	5	3	4	6
5	9	1	6	4	3	8	2	7
8	2	4	5	6	7	9	1	3
7	5	8	3	2	1	4	6	9
3	1	6	4	7	9	2	5	8

132

4	2	1	3	8	6	5	7	9
2	6	8	5	1	4	9	3	7
1	5	3	9	7	2	4	8	6
6	4	9	7	3	1	2	5	8
3	7	6	2	4	8	1	9	5
8	3	4	6	5	9	7	1	2
5	1	2	8	9	7	3	6	4
9	8	7	1	2	5	6	4	3
7	9	5	4	6	3	8	2	1

133

5	1	3	2	6	8	4	9	7
2	6	9	7	1	3	5	8	4
1	4	2	8	9	7	3	5	6
7	5	6	4	8	2	9	1	3
8	3	5	6	7	1	2	4	9
9	2	8	5	3	4	7	6	1
6	7	1	3	4	9	8	2	5
4	9	7	1	2	5	6	3	8
3	8	4	9	5	6	1	7	2

134

1	3	6	2	7	8	5	9	4
6	9	2	8	1	3	4	7	5
9	1	4	7	5	6	3	8	2
4	7	3	5	2	9	6	1	8
2	8	9	4	3	7	1	5	6
5	6	1	9	8	4	2	3	7
7	2	5	3	6	1	8	4	9
3	4	8	6	9	5	7	2	1
8	5	7	1	4	2	9	6	3

135

9	6	2	4	3	5	1	7	8
3	4	7	5	6	8	2	1	9
2	5	8	1	7	9	4	6	3
4	8	9	3	1	7	5	2	6
7	1	5	2	9	3	6	8	4
6	3	4	7	8	2	9	5	1
5	2	6	9	4	1	8	3	7
1	9	3	8	5	6	7	4	2
8	7	1	6	2	4	3	9	5

136

3	7	1	6	2	9	8	4	5
9	8	5	4	7	3	1	6	2
7	2	6	9	8	5	4	1	3
4	5	3	2	1	8	7	9	6
8	1	9	7	3	6	2	5	4
6	3	4	8	5	1	9	2	7
1	9	7	5	4	2	6	3	8
2	6	8	3	9	4	5	7	1
5	4	2	1	6	7	3	8	9

137

2	4	6	8	3	7	1	9	5
5	3	8	1	6	4	2	7	9
3	6	9	7	1	5	8	4	2
8	9	2	5	7	3	6	1	4
4	1	5	6	9	8	3	2	7
7	8	3	4	2	1	9	5	6
6	2	7	3	4	9	5	8	1
1	5	4	9	8	2	7	6	3
9	7	1	2	5	6	4	3	8

138

3	2	8	6	4	9	5	1	7
4	6	1	9	2	3	7	5	8
6	3	7	4	5	8	9	2	1
1	8	9	5	7	6	3	4	2
5	7	4	1	9	2	6	8	3
2	4	6	3	8	5	1	7	9
9	5	2	7	3	1	8	6	4
8	1	3	2	6	7	4	9	5
7	9	5	8	1	4	2	3	6

139

2	4	8	6	3	7	9	5	1
3	6	9	5	4	2	1	7	8
5	7	3	1	9	8	2	6	4
4	1	6	7	8	9	5	3	2
8	2	5	4	7	3	6	1	9
9	8	2	3	1	6	7	4	5
7	5	4	9	2	1	3	8	6
1	9	7	8	6	5	4	2	3
6	3	1	2	5	4	8	9	7

140

8	9	6	5	4	1	2	3	7
9	3	5	2	6	7	8	1	4
3	7	1	4	5	9	6	2	8
6	4	8	7	2	3	5	9	1
2	1	7	9	3	6	4	8	5
5	2	3	8	1	4	9	7	6
1	5	9	6	8	2	7	4	3
7	6	4	3	9	8	1	5	2
4	8	2	1	7	5	3	6	9

141

3	8	9	5	4	0	7	2	1	6
9	4	5	6	1	3	8	0	2	7
1	0	2	7	6	4	5	3	8	9
5	3	6	1	0	8	4	9	7	2
4	6	7	3	9	2	1	5	0	8
7	9	1	2	8	5	0	4	6	3
0	2	4	8	3	9	6	7	5	1
8	5	0	9	7	6	2	1	3	4
6	7	3	0	2	1	9	8	4	5
2	1	8	4	5	7	3	6	9	0

142

4	7	9	8	1	3	0	2	5	6
0	3	2	4	7	6	5	8	1	9
7	8	6	9	5	1	3	4	2	0
8	6	1	5	3	4	7	0	9	2
1	4	0	7	8	2	9	6	3	5
9	0	3	2	4	5	1	7	6	8
3	5	7	0	6	8	2	9	4	1
2	1	4	3	0	9	6	5	8	7
5	2	8	6	9	0	4	1	7	3
6	9	5	1	2	7	8	3	0	4

143

0	6	7	5	9	1	2	4	8	3
4	9	5	8	3	0	6	7	1	2
6	8	1	7	2	3	4	5	9	0
1	7	2	3	8	5	0	6	4	9
8	2	9	6	1	4	7	0	3	5
9	4	3	1	0	6	5	8	2	7
5	0	4	9	7	2	1	3	6	8
3	5	6	0	4	9	8	2	7	1
2	1	8	4	5	7	3	9	0	6
7	3	0	2	6	8	9	1	5	4

144

4	8	1	2	6	0	5	3	9	7
3	6	0	4	8	9	7	5	1	2
7	2	5	9	1	8	3	0	6	4
9	0	7	1	2	5	4	8	3	6
5	1	9	0	7	3	6	4	2	8
2	4	6	3	5	1	8	9	7	0
8	3	4	6	0	2	9	7	5	1
6	5	3	8	4	7	2	1	0	9
0	9	2	7	3	4	1	6	8	5
1	7	8	5	9	6	0	2	4	3

145

0	8	7	1	3	2	4	9	6	5
7	3	9	8	0	6	5	4	2	1
3	4	5	2	8	1	7	0	9	6
4	7	1	6	9	0	3	8	5	2
9	0	2	4	5	7	6	3	1	8
1	5	6	3	4	8	0	2	7	9
6	2	8	0	7	5	9	1	3	4
8	6	3	7	1	9	2	5	4	0
5	1	4	9	2	3	8	6	0	7
2	9	0	5	6	4	1	7	8	3

146

4	6	2	0	7	8	5	1	3	9
8	1	7	6	3	9	4	0	2	5
1	5	3	2	9	4	7	8	6	0
3	2	0	9	8	6	1	4	5	7
9	4	1	5	2	3	0	7	8	6
5	0	8	7	6	2	9	3	4	1
7	8	4	1	0	5	6	2	9	3
6	7	5	8	4	1	3	9	0	2
2	9	6	3	1	0	8	5	7	4
0	3	9	4	5	7	2	6	1	8

147

9	8	4	1	5	0	6	7	3	2
7	6	1	8	9	3	2	4	5	0
4	0	5	2	7	8	1	9	6	3
1	2	3	4	6	9	7	8	0	5
8	7	2	5	0	1	4	3	9	6
3	5	9	0	4	6	8	1	2	7
6	9	8	7	2	5	3	0	1	4
0	1	6	9	3	7	5	2	4	8
5	4	0	3	8	2	9	6	7	1
2	3	7	6	1	4	0	5	8	9

148

3	5	4	7	8	1	0	2	6	9
8	7	2	5	9	6	3	4	1	0
5	0	6	4	3	9	7	8	2	1
7	6	1	9	2	4	5	3	0	8
4	2	8	6	5	0	1	7	9	3
1	8	9	2	0	3	4	6	5	7
9	3	5	0	7	8	2	1	4	6
0	4	3	8	1	5	6	9	7	2
6	1	7	3	4	2	9	0	8	5
2	9	0	1	6	7	8	5	3	4

149

5	3	8	0	2	6	1	7	9	4
8	6	0	4	5	9	3	1	7	2
4	2	9	1	0	8	5	3	6	7
2	9	4	7	1	5	0	8	3	6
0	5	7	6	3	2	4	9	8	1
6	7	1	9	8	3	2	5	4	0
1	8	5	3	6	0	7	4	2	9
3	1	2	8	4	7	9	6	0	5
9	0	6	5	7	4	8	2	1	3
7	4	3	2	9	1	6	0	5	8

150

0	4	1	5	8	7	9	2	6	3
5	8	2	6	0	4	3	9	7	1
4	1	3	7	6	2	8	0	5	9
8	0	6	9	3	5	2	4	1	7
3	6	7	4	9	0	1	8	2	5
1	5	0	8	2	9	4	7	3	6
2	9	4	1	5	6	7	3	0	8
7	2	8	0	1	3	5	6	9	4
9	3	5	2	7	8	6	1	4	0
6	7	9	3	4	1	0	5	8	2

151

9	1	11	3	8	6	10	2	4	7	12	5
10	6	7	5	4	12	11	9	3	8	1	2
4	2	12	8	3	7	1	5	6	9	11	10
6	11	3	12	9	2	5	8	1	10	4	7
1	4	2	9	10	11	7	6	5	3	8	12
7	5	8	10	1	4	3	12	2	6	9	11
2	10	4	1	11	9	6	3	12	5	7	8
5	12	9	11	7	8	2	1	10	4	3	6
3	8	6	7	12	5	4	10	9	11	2	1
8	3	5	6	2	1	9	7	11	12	10	4
12	9	1	4	5	10	8	11	7	2	6	3
11	7	10	2	6	3	12	4	8	1	5	9

152

1	4	12	5	11	10	6	3	9	8	7	2
11	7	10	2	4	9	8	12	5	3	1	6
6	8	9	3	7	5	1	2	11	10	4	12
4	11	6	9	12	3	10	7	8	2	5	1
10	3	8	7	5	2	9	1	12	11	6	4
5	2	1	12	8	6	4	11	10	7	3	9
3	12	2	6	1	7	11	10	4	9	8	5
7	1	11	4	6	8	5	9	2	12	10	3
8	9	5	10	3	12	2	4	6	1	11	7
12	10	4	1	2	11	7	6	3	5	9	8
9	6	3	8	10	1	12	5	7	4	2	11
2	5	7	11	9	4	3	8	1	6	12	10

153

7	2	11	1	3	8	12	9	4	5	6	10
9	3	4	12	5	10	1	6	7	8	11	2
6	5	8	10	2	4	11	7	12	9	3	1
8	1	9	6	12	7	5	11	10	2	4	3
5	11	3	4	9	1	2	10	8	6	12	7
10	7	12	2	4	6	3	8	11	1	9	5
12	4	10	3	6	9	8	5	2	7	1	11
11	8	7	5	1	3	4	2	9	12	10	6
2	6	1	9	7	11	10	12	3	4	5	8
4	10	2	11	8	12	6	1	5	3	7	9
3	9	6	8	10	5	7	4	1	11	2	12
1	12	5	7	11	2	9	3	6	10	8	4

154

2	5	7	11	10	8	6	12	1	3	9	4
8	10	9	3	1	4	11	7	2	5	6	12
12	6	4	1	5	3	2	9	7	11	10	8
5	1	6	2	8	12	3	10	9	4	7	11
10	12	3	7	4	11	9	1	8	6	5	2
11	4	8	9	2	7	5	6	12	10	3	1
9	3	5	4	12	1	8	2	6	7	11	10
6	7	2	12	9	5	10	11	4	1	8	3
1	8	11	10	7	6	4	3	5	2	12	9
7	2	1	6	11	10	12	8	3	9	4	5
4	9	10	8	3	2	7	5	11	12	1	6
3	11	12	5	6	9	1	4	10	8	2	7

155

10	3	2	4	7	8	12	6	1	9	11	5
5	9	1	7	10	11	2	3	8	12	4	6
6	11	8	12	4	9	1	5	2	10	3	7
8	12	5	1	3	4	7	10	6	11	2	9
7	2	10	9	5	6	8	11	12	4	1	3
11	6	4	3	1	12	9	2	7	5	8	10
12	5	6	2	9	10	11	1	4	3	7	8
1	8	7	10	6	3	4	12	9	2	5	11
3	4	9	11	2	7	5	8	10	6	12	1
2	7	3	6	8	5	10	4	11	1	9	12
9	1	12	5	11	2	6	7	3	8	10	4
4	10	11	8	12	1	3	9	5	7	6	2

156

3	10	12	1	8	7	4	9	11	6	2	5
9	7	2	11	1	6	5	10	3	8	4	12
8	4	5	6	3	11	12	2	1	9	7	10
6	2	7	8	4	10	3	1	5	12	9	11
10	12	11	4	5	9	8	6	7	3	1	2
1	5	9	3	12	2	7	11	4	10	8	6
12	8	3	7	2	5	9	4	6	11	10	1
5	1	10	2	6	3	11	8	9	4	12	7
4	11	6	9	10	12	1	7	2	5	3	8
7	6	8	10	11	4	2	3	12	1	5	9
2	3	1	12	9	8	6	5	10	7	11	4
11	9	4	5	7	1	10	12	8	2	6	3

157

2	12	9	10	7	11	8	5	3	1	4	6
5	7	8	4	6	9	3	1	12	11	2	10
11	3	1	6	12	10	2	4	7	5	8	9
8	1	10	7	5	6	4	11	2	12	9	3
3	2	6	5	9	12	7	8	4	10	11	1
12	11	4	9	1	2	10	3	5	8	6	7
10	6	5	2	8	3	9	12	1	4	7	11
4	8	11	1	2	5	6	7	10	9	3	12
7	9	12	3	4	1	11	10	8	6	5	2
1	5	7	11	3	8	12	6	9	2	10	4
9	10	3	8	11	4	1	2	6	7	12	5
6	4	2	12	10	7	5	9	11	3	1	8

158

11	5	12	3	8	10	6	2	9	4	1	7
9	7	2	10	4	1	3	11	5	6	8	12
8	1	6	4	7	5	12	9	10	11	3	2
10	11	5	6	1	9	7	8	12	3	2	4
2	8	9	1	6	3	4	12	11	10	7	5
12	3	4	7	2	11	5	10	8	1	6	9
4	2	3	12	9	8	1	5	6	7	11	10
1	10	8	5	11	7	2	6	4	9	12	3
7	6	11	9	3	12	10	4	1	2	5	8
6	12	7	11	5	4	9	3	2	8	10	1
3	9	10	2	12	6	8	1	7	5	4	11
5	4	1	8	10	2	11	7	3	12	9	6

159

7	10	6	2	5	8	12	3	4	9	1	11
4	8	11	3	7	1	2	9	6	5	10	12
12	9	1	5	10	6	4	11	8	3	7	2
6	3	10	12	9	5	11	1	7	2	4	8
9	4	5	7	8	2	10	6	12	1	11	3
11	1	2	8	3	12	7	4	10	6	5	9
8	5	3	10	4	11	6	2	9	7	12	1
1	7	4	11	12	9	3	8	2	10	6	5
2	12	9	6	1	7	5	10	3	11	8	4
3	11	7	9	6	4	1	12	5	8	2	10
5	2	8	4	11	10	9	7	1	12	3	6
10	6	12	1	2	3	8	5	11	4	9	7

160

1	3	4	10	8	5	7	11	12	2	9	6
6	8	7	11	2	1	9	12	5	3	10	4
5	12	2	9	6	3	10	4	1	11	7	8
7	9	8	5	11	10	2	6	3	4	12	1
11	10	1	12	7	8	4	3	9	6	5	2
4	2	6	3	5	9	12	1	7	8	11	10
10	6	9	4	3	2	1	5	11	7	8	12
8	7	3	1	12	11	6	10	2	5	4	9
12	11	5	2	9	4	8	7	6	10	1	3
3	4	10	7	1	6	11	9	8	12	2	5
2	1	11	6	10	12	5	8	4	9	3	7
9	5	12	8	4	7	3	2	10	1	6	11

C	2	E	0	1	B	6	8	A	9	D	3	4	5	7	F
4	6	8	B	A	9	E	3	2	5	7	F	D	1	C	0
A	F	7	D	C	5	4	2	E	B	0	1	9	3	6	8
3	9	5	1	7	0	F	D	8	C	6	4	2	B	E	A
8	5	C	7	9	3	B	A	0	4	F	6	1	2	D	E
E	1	2	3	D	4	0	F	C	8	9	5	7	A	B	6
6	B	A	9	5	8	1	C	7	D	2	E	0	F	4	3
F	D	0	4	2	E	7	6	3	A	1	B	C	8	5	9
2	7	1	F	4	A	C	9	D	E	3	0	5	6	8	B
5	A	4	8	E	F	D	B	6	1	C	9	3	0	2	7
9	0	6	E	8	1	3	5	4	2	B	7	A	D	F	C
B	3	D	C	6	7	2	0	5	F	8	A	E	9	1	4
D	4	9	6	B	2	8	7	1	0	A	C	F	E	3	5
0	E	F	A	3	D	5	1	B	7	4	8	6	C	9	2
1	C	B	5	0	6	9	4	F	3	E	2	8	7	A	D
7	8	3	2	F	C	A	E	9	6	5	D	B	4	0	1

A	0	6	D	2	8	7	5	E	4	B	9	1	C	F	3
C	2	4	9	B	0	A	1	F	3	D	6	8	5	7	E
F	E	8	7	6	C	4	3	A	0	1	5	9	B	D	2
B	1	5	3	E	F	D	9	C	2	8	7	4	0	6	A
5	F	9	2	0	A	1	C	4	E	7	B	6	8	3	D
0	6	7	A	4	3	5	D	1	8	9	F	E	2	B	C
3	B	E	1	9	6	8	F	2	D	C	0	7	A	5	4
8	4	D	C	7	E	B	2	6	5	3	A	F	1	0	9
7	A	F	E	C	4	2	0	8	B	5	D	3	9	1	6
1	D	0	8	3	5	9	6	7	F	A	E	C	4	2	B
6	3	C	5	A	D	E	B	9	1	4	2	0	7	8	F
2	9	B	4	1	7	F	8	0	C	6	3	A	D	E	5
9	C	1	6	D	B	3	4	5	7	F	8	2	E	A	0
E	7	3	0	5	1	6	A	B	9	2	C	D	F	4	8
D	5	2	F	8	9	0	7	3	A	E	4	B	6	C	1
4	8	A	B	F	2	C	E	D	6	0	1	5	3	9	7

4	5	E	2	8	D	9	A	3	7	6	B	0	F	C	1
1	9	A	7	0	2	6	F	D	8	4	C	B	3	E	5
B	3	D	8	E	C	1	7	F	0	5	9	2	4	A	6
6	C	F	0	3	5	4	B	E	2	1	A	8	7	9	D
A	7	6	9	4	1	0	D	B	E	8	2	5	C	3	F
8	F	3	B	7	E	5	C	9	6	D	1	4	0	2	A
C	1	2	5	9	B	F	6	0	3	A	4	D	8	7	E
0	E	4	D	2	A	3	8	C	F	7	5	9	6	1	B
9	8	7	3	5	6	C	2	A	D	F	0	1	E	B	4
F	A	B	4	D	9	7	E	8	1	C	6	3	5	0	2
2	6	1	E	A	0	B	4	7	5	9	3	F	D	8	C
5	D	0	C	F	3	8	1	2	4	B	E	7	A	6	9
D	B	5	1	6	7	E	9	4	A	0	8	C	2	F	3
E	0	9	F	1	4	2	5	6	C	3	7	A	B	D	8
7	4	8	6	C	F	A	3	1	B	2	D	E	9	5	0
3	2	C	A	B	8	D	0	5	9	E	F	6	1	4	7

B	F	6	1	C	0	7	A	5	8	9	4	3	D	E	2
D	2	4	5	1	3	F	8	A	0	C	E	6	7	9	B
7	E	0	9	4	6	5	D	F	B	2	3	1	8	C	A
C	3	A	8	2	E	B	9	6	7	1	D	5	4	F	0
1	4	D	6	B	7	E	0	2	3	8	C	F	5	A	9
5	A	3	F	9	4	8	C	0	D	B	6	E	2	7	1
2	B	C	E	6	5	D	F	9	A	7	1	0	3	4	8
0	9	8	7	3	A	1	2	E	4	5	F	B	6	D	C
F	0	1	B	5	C	A	E	8	2	D	7	4	9	6	3
8	D	E	3	F	9	6	4	C	5	A	0	2	B	1	7
6	7	2	C	0	8	3	B	1	F	4	9	D	A	5	E
4	5	9	A	D	1	2	7	3	6	E	B	C	0	8	F
A	6	5	4	8	F	9	1	B	C	3	2	7	E	0	D
E	1	B	2	A	D	C	6	7	9	0	5	8	F	3	4
3	8	7	D	E	B	0	5	4	1	F	A	9	C	2	6
9	C	F	0	7	2	4	3	D	E	6	8	A	1	B	5

0	9	1	7	4	6	E	3	C	D	8	2	F	5	A	B
B	6	8	F	D	5	2	9	0	3	A	E	1	4	C	7
A	4	E	5	C	8	B	F	7	1	9	6	0	D	3	2
C	3	D	2	A	7	1	0	F	5	4	B	8	E	9	6
E	5	7	B	1	F	0	4	6	A	2	C	D	9	8	3
8	C	3	1	9	D	A	B	5	F	0	7	2	6	E	4
9	D	A	6	E	2	3	5	B	8	1	4	7	C	0	F
4	2	F	0	8	C	7	6	3	E	D	9	5	1	B	A
2	1	4	A	6	3	F	D	E	C	B	0	9	7	5	8
3	7	5	C	2	0	4	A	8	9	F	1	6	B	D	E
6	0	B	E	5	1	9	8	2	7	3	D	A	F	4	C
D	F	9	8	7	B	C	E	4	6	5	A	3	0	2	1
5	B	0	D	3	E	8	C	1	2	6	F	4	A	7	9
1	8	6	4	0	9	D	7	A	B	C	3	E	2	F	5
7	A	C	3	F	4	6	2	9	0	E	5	B	8	1	D
F	E	2	9	B	A	5	1	D	4	7	8	C	3	6	0

7	1	E	B	A	5	F	0	4	3	6	C	8	9	2	D
0	3	9	A	7	2	1	C	8	B	D	5	4	F	6	E
2	4	F	8	6	B	D	3	0	E	9	1	5	7	A	C
5	6	D	C	9	E	4	8	A	F	2	7	1	3	0	B
E	F	2	5	3	7	8	B	D	6	4	0	9	C	1	A
6	A	1	7	4	0	E	D	9	8	C	B	F	2	3	5
B	D	4	0	2	9	C	5	1	A	F	3	6	E	7	8
8	9	C	3	1	F	A	6	E	5	7	2	B	D	4	0
C	2	A	D	8	1	5	E	B	7	0	6	3	4	F	9
3	7	6	E	F	D	9	2	C	4	8	A	0	5	B	1
1	B	5	F	0	4	6	7	3	9	E	D	A	8	C	2
4	8	0	9	B	C	3	A	2	1	5	F	D	6	E	7
A	C	3	2	5	6	0	4	7	D	1	9	E	B	8	F
9	0	8	1	E	3	7	F	5	C	B	4	2	A	D	6
D	E	B	6	C	A	2	9	F	0	3	8	7	1	5	4
F	5	7	4	D	8	B	1	6	2	A	E	C	0	9	3

1	C	D	6	0	E	8	4	2	7	5	9	B	F	A	3
E	5	4	2	A	6	C	B	8	F	0	3	7	1	9	D
B	3	7	8	9	2	F	D	A	1	E	6	0	5	4	C
9	F	0	A	5	7	1	3	4	C	B	D	6	8	E	2
7	E	C	4	F	8	A	6	5	0	1	2	D	9	3	B
0	A	6	B	1	3	E	9	C	8	D	7	4	2	5	F
D	9	8	1	7	5	4	2	3	B	6	F	A	E	C	0
3	2	5	F	D	C	B	0	E	4	9	A	1	7	6	8
A	D	9	7	8	1	3	C	F	6	2	B	E	4	0	5
5	4	E	3	2	9	D	F	0	A	8	1	C	6	B	7
2	8	1	C	B	0	6	7	D	5	4	E	3	A	F	9
F	6	B	0	E	4	5	A	7	9	3	C	8	D	2	1
4	7	3	5	C	D	0	E	9	2	A	8	F	B	1	6
8	1	F	E	4	B	9	5	6	D	C	0	2	3	7	A
C	B	A	9	6	F	2	8	1	3	7	4	5	0	D	E
6	0	2	D	3	A	7	1	B	E	F	5	9	C	8	4

3	D	8	2	C	F	7	9	B	6	4	5	A	1	E	0
4	0	7	F	B	5	1	3	9	E	2	A	8	D	C	6
5	A	1	9	E	8	6	4	D	C	0	F	B	3	2	7
B	6	C	E	D	A	2	0	8	7	1	3	5	9	F	4
8	5	F	0	3	E	4	2	C	A	D	7	9	6	B	1
E	C	A	B	5	6	9	F	2	1	3	0	7	8	4	D
7	3	4	1	8	0	D	C	6	F	9	B	2	E	A	5
9	2	D	6	1	7	A	B	4	5	E	8	F	0	3	C
0	1	B	7	2	4	E	A	5	9	C	6	3	F	D	8
C	9	E	4	F	1	8	5	3	B	7	D	0	A	6	2
2	8	6	5	9	D	3	7	A	0	F	4	C	B	1	E
D	F	3	A	0	B	C	6	E	2	8	1	4	5	7	9
F	4	2	8	7	9	5	D	1	3	A	E	6	C	0	B
1	B	9	C	4	3	0	E	F	8	6	2	D	7	5	A
6	7	5	D	A	C	F	1	0	4	B	9	E	2	8	3
A	E	0	3	6	2	B	8	7	D	5	C	1	4	9	F

E	6	9	8	C	F	D	1	0	5	2	B	A	3	4	7
C	3	B	1	4	7	5	0	8	D	A	9	2	6	F	E
A	0	7	2	8	E	9	3	F	1	4	6	B	C	5	D
4	F	5	D	B	A	6	2	E	C	3	7	8	9	0	1
5	D	8	7	3	C	0	E	1	F	6	4	9	2	A	B
3	E	A	B	F	5	2	4	7	9	D	0	1	8	C	6
0	4	6	C	A	1	7	9	2	3	B	8	F	D	E	5
1	2	F	9	6	8	B	D	C	A	E	5	7	0	3	4
F	B	C	3	E	9	1	7	4	2	8	D	5	A	6	0
9	8	1	5	0	D	4	6	3	7	C	A	E	F	B	2
2	A	D	4	5	B	8	C	6	0	F	E	3	7	1	9
6	7	E	0	2	3	A	F	5	B	9	1	C	4	D	8
D	9	3	E	7	4	F	A	B	6	1	2	0	5	8	C
8	1	0	6	D	2	C	5	A	E	7	3	4	B	9	F
B	C	2	A	9	0	E	8	D	4	5	F	6	1	7	3
7	5	4	F	1	6	3	B	9	8	0	C	D	E	2	A

4	B	F	D	1	7	9	A	0	6	8	2	E	5	3	C
A	6	8	C	3	5	E	B	1	F	4	7	0	D	2	9
3	9	0	2	C	4	D	8	5	B	A	E	7	F	1	6
E	1	5	7	F	0	2	6	9	3	C	D	A	8	B	4
8	7	E	B	A	3	4	F	6	2	9	1	D	C	0	5
C	4	2	1	7	D	6	5	B	8	0	3	F	9	E	A
0	D	9	A	B	C	8	1	F	E	5	4	6	2	7	3
F	5	6	3	E	9	0	2	C	7	D	A	4	B	8	1
9	2	3	5	8	A	F	E	D	0	1	6	B	4	C	7
7	A	D	E	6	B	C	3	8	4	2	5	9	1	F	0
B	8	C	0	D	1	5	4	7	9	E	F	3	A	6	2
1	F	4	6	9	2	7	0	A	C	3	B	5	E	D	8
2	3	1	9	0	F	B	D	4	5	6	8	C	7	A	E
D	C	7	8	5	E	3	9	2	A	B	0	1	6	4	F
6	E	B	F	4	8	A	C	3	1	7	9	2	0	5	D
5	0	A	4	2	6	1	7	E	D	F	C	8	3	9	B

171

4	1	2	6	7	8	9	5	3			
3	7	6	5	9	2	4	8	1			
9	5	8	1	3	4	7	2	6			
1	9	4	8	2	6	3	7	5	4	9	1
8	3	5	9	1	7	2	6	4	8	5	3
6	2	7	3	4	5	8	1	9	6	2	7
7	4	1	2	5	3	6	9	8	7	1	4
5	8	3	7	6	9	1	4	2	3	8	5
2	6	9	4	8	1	5	3	7	9	6	2
			6	3	8	4	2	1	5	7	9
			5	9	2	7	8	3	1	4	6
			1	7	4	9	5	6	2	3	8

172

1	7	9	3	2	8	5	6	4			
5	2	6	9	4	7	3	1	8			
4	8	3	6	5	1	9	2	7			
3	4	7	2	8	6	1	5	9	3	4	7
6	1	8	5	9	4	7	3	2	8	1	6
2	9	5	7	1	3	4	8	6	5	2	9
8	6	1	4	7	5	2	9	3	6	8	1
7	5	2	8	3	9	6	4	1	2	7	5
9	3	4	1	6	2	8	7	5	9	3	4
			3	2	1	9	6	4	7	5	8
			9	4	7	5	2	8	1	6	3
			6	5	8	3	1	7	4	9	2

173

7	8	3	6	5	2	4	1	9			
6	1	5	4	9	7	2	8	3			
9	2	4	3	1	8	5	7	6			
8	9	2	5	7	3	1	6	4	2	8	9
3	4	1	2	6	9	8	5	7	4	1	3
5	6	7	1	8	4	9	3	2	7	5	6
1	7	8	9	2	6	3	4	5	1	7	8
2	3	6	8	4	5	7	9	1	6	3	2
4	5	9	7	3	1	6	2	8	9	4	5
			6	5	7	4	8	9	3	2	1
			4	9	8	2	1	3	5	6	7
			3	1	2	5	7	6	8	9	4

174

4	6	5	7	8	1	2	3	9			
1	3	2	6	9	4	7	5	8			
9	7	8	2	3	5	1	4	6			
2	1	3	8	4	9	5	6	7	3	2	1
6	5	9	3	1	7	4	8	2	6	5	9
8	4	7	5	6	2	3	9	1	4	7	8
5	2	6	9	7	3	8	1	4	2	6	5
7	8	1	4	5	6	9	2	3	8	1	7
3	9	4	1	2	8	6	7	5	9	4	3
			6	8	5	1	4	9	7	3	2
			7	3	4	2	5	8	1	9	6
			2	9	1	7	3	6	5	8	4

Solutions

175

5	1	2	7	4	3	6	9	8			
6	8	7	5	9	2	1	4	3			
4	3	9	8	1	6	5	7	2			
9	4	8	6	3	7	2	5	1	9	4	8
7	2	3	9	5	1	8	6	4	3	2	7
1	6	5	2	8	4	9	3	7	5	6	1
3	5	1	4	2	9	7	8	6	1	3	5
2	9	6	3	7	8	4	1	5	6	9	2
8	7	4	1	6	5	3	2	9	8	7	4
			8	4	2	5	9	3	7	1	6
			5	9	6	1	7	2	4	8	3
			7	1	3	6	4	8	2	5	9

176

7	9	3	2	6	1	5	8	4			
5	1	6	3	8	4	7	2	9			
2	4	8	7	9	5	6	1	3			
8	5	4	6	3	2	1	9	7	4	8	5
9	3	2	8	1	7	4	5	6	9	3	2
6	7	1	5	4	9	8	3	2	1	7	6
4	2	5	1	7	3	9	6	8	5	2	4
3	6	9	4	5	8	2	7	1	6	9	3
1	8	7	9	2	6	3	4	5	7	1	8
			2	8	4	5	1	9	3	6	7
			7	9	5	6	8	3	2	4	1
			3	6	1	7	2	4	8	5	9

177

6	3	2	4	1	7	5	9	8			
4	9	8	5	6	2	3	1	7			
7	5	1	8	3	9	6	4	2			
8	2	5	6	7	1	4	3	9	5	2	8
3	6	9	2	4	8	7	5	1	9	6	3
1	7	4	9	5	3	8	2	6	1	4	7
5	8	7	1	2	4	9	6	3	8	7	5
9	1	6	3	8	5	2	7	4	6	1	9
2	4	3	7	9	6	1	8	5	4	3	2
			5	6	2	3	1	8	7	9	4
			8	3	9	6	4	7	2	5	1
			4	1	7	5	9	2	3	8	6

178

5	9	7	3	4	6	1	2	8			
6	8	2	7	1	5	9	4	3			
1	3	4	9	8	2	6	7	5			
3	2	5	8	6	7	4	9	1	5	2	3
9	4	1	5	2	3	8	6	7	9	4	1
7	6	8	1	9	4	3	5	2	8	7	6
8	7	3	6	5	9	2	1	4	3	8	7
4	5	6	2	3	1	7	8	9	4	6	5
2	1	9	4	7	8	5	3	6	1	9	2
			3	8	6	9	7	5	2	1	4
			9	1	2	6	4	3	7	5	8
			7	4	5	1	2	8	6	3	9

179

1	9	3	7	6	4	2	5	8			
8	6	2	9	3	5	7	1	4			
5	7	4	8	2	1	9	6	3			
6	5	9	3	1	2	8	4	7	5	6	9
4	2	8	5	7	9	1	3	6	8	2	4
3	1	7	4	8	6	5	2	9	1	7	3
9	4	1	6	5	7	3	8	2	4	9	1
7	3	5	2	4	8	6	9	1	3	5	7
2	8	6	1	9	3	4	7	5	2	8	6
			8	2	1	9	6	4	7	3	5
			7	6	4	2	5	3	9	1	8
			9	3	5	7	1	8	6	4	2

180

1	5	9	2	4	6	8	3	7			
7	2	8	1	5	3	6	9	4			
6	4	3	8	9	7	5	2	1			
5	8	6	7	2	9	1	4	3	6	5	8
9	1	7	3	8	4	2	6	5	7	9	1
4	3	2	6	1	5	9	7	8	3	4	2
2	6	5	4	7	8	3	1	9	2	6	5
3	9	4	5	6	1	7	8	2	4	3	9
8	7	1	9	3	2	4	5	6	1	8	7
			1	9	3	5	2	4	8	7	6
			2	4	6	8	9	7	5	1	3
			8	5	7	6	3	1	9	2	4

Extreme Su Doku

4	7	1	8	9	5	2	3	6						
5	8	2	6	7	3	1	4	9						
3	6	9	1	2	4	7	5	8						
7	9	5	4	3	8	6	2	1						
1	3	6	2	5	7	8	9	4						
8	2	4	9	6	1	3	7	5						
9	1	7	3	4	6	5	8	2	7	6	1	4	9	3
2	5	8	7	1	9	4	6	3	2	5	9	7	1	8
6	4	3	5	8	2	9	1	7	8	3	4	6	5	2
						8	5	9	6	2	7	1	3	4
						2	7	1	3	4	5	8	6	9
						3	4	6	1	9	8	2	7	5
						7	3	5	4	8	6	9	2	1
						1	2	4	9	7	3	5	8	6
						6	9	8	5	1	2	3	4	7

9	6	7	3	1	4	2	8	5						
8	1	3	5	7	2	9	6	4						
5	4	2	9	6	8	1	3	7						
7	3	8	1	9	5	4	2	6						
6	2	9	4	3	7	8	5	1						
4	5	1	2	8	6	3	7	9						
1	8	4	6	5	3	7	9	2	5	8	3	4	1	6
3	9	5	7	2	1	6	4	8	7	2	1	3	9	5
2	7	6	8	4	9	5	1	3	9	4	6	7	2	8
						9	8	7	2	3	4	5	6	1
						1	2	4	6	7	5	8	3	9
						3	6	5	8	1	9	2	7	4
						8	3	1	4	9	7	6	5	2
						2	5	9	3	6	8	1	4	7
						4	7	6	1	5	2	9	8	3

3	5	2	6	4	9	8	7	1						
1	7	4	3	8	2	9	6	5						
8	6	9	1	7	5	3	4	2						
7	3	5	4	2	1	6	9	8						
4	8	1	9	6	3	5	2	7						
9	2	6	8	5	7	4	1	3						
2	4	8	7	3	6	1	5	9	4	2	6	3	8	7
5	1	3	2	9	4	7	8	6	5	9	3	1	4	2
6	9	7	5	1	8	2	3	4	1	8	7	6	9	5
						6	7	2	3	1	4	9	5	8
						3	4	1	9	5	8	7	2	6
						5	9	8	7	6	2	4	3	1
						8	1	7	2	4	9	5	6	3
						4	2	5	6	3	1	8	7	9
						9	6	3	8	7	5	2	1	4

8	2	4	6	5	3	1	7	9						
1	3	5	4	7	9	6	2	8						
9	7	6	8	1	2	3	5	4						
7	1	2	9	6	5	4	8	3						
5	4	9	2	3	8	7	6	1						
6	8	3	7	4	1	2	9	5						
4	9	8	1	2	6	5	3	7	8	1	6	2	9	4
3	6	1	5	8	7	9	4	2	5	7	3	6	8	1
2	5	7	3	9	4	8	1	6	2	4	9	7	5	3
						4	9	3	7	5	2	8	1	6
						1	2	5	4	6	8	3	7	9
						7	6	8	9	3	1	5	4	2
						6	5	9	1	2	7	4	3	8
						2	7	1	3	8	4	9	6	5
						3	8	4	6	9	5	1	2	7

6	2	8	1	4	5	7	3	9						
5	4	9	7	2	3	8	6	1						
1	3	7	6	9	8	4	5	2						
4	5	3	8	7	1	9	2	6						
7	1	2	9	3	6	5	4	8						
9	8	6	2	5	4	3	1	7						
2	7	5	3	1	9	6	8	4	9	1	7	5	2	3
3	6	1	4	8	7	2	9	5	8	4	3	6	1	7
8	9	4	5	6	2	1	7	3	2	5	6	4	9	8
						5	4	2	6	3	1	8	7	9
						3	6	9	7	8	5	2	4	1
						8	1	7	4	2	9	3	5	6
						7	5	8	1	6	2	9	3	4
						9	2	6	3	7	4	1	8	5
						4	3	1	5	9	8	7	6	2

2	3	6	1	8	9	5	4	7						
4	7	5	6	2	3	8	1	9						
9	1	8	7	4	5	3	6	2						
1	4	7	8	9	6	2	5	3						
5	8	3	2	1	7	4	9	6						
6	2	9	3	5	4	1	7	8						
7	5	4	9	3	2	6	8	1	7	2	4	9	3	5
8	9	2	4	6	1	7	3	5	9	8	6	2	4	1
3	6	1	5	7	8	9	2	4	5	3	1	7	6	8
						3	1	7	8	4	5	6	2	9
						2	6	8	1	9	3	5	7	4
						4	5	9	6	7	2	8	1	3
						5	7	2	3	1	8	4	9	6
						8	4	3	2	6	9	1	5	7
						1	9	6	4	5	7	3	8	2

8	9	6	1	7	2	3	4	5						
4	5	1	9	6	3	2	7	8						
7	2	3	8	4	5	6	1	9						
2	3	5	6	8	7	4	9	1						
6	4	9	5	2	1	7	8	3						
1	8	7	3	9	4	5	2	6						
3	7	8	4	5	9	1	6	2	8	5	7	9	4	3
5	6	4	2	1	8	9	3	7	4	2	1	5	8	6
9	1	2	7	3	6	8	5	4	3	6	9	2	1	7
						5	4	3	6	8	2	7	9	1
						6	2	1	7	9	5	4	3	8
						7	9	8	1	4	3	6	2	5
						3	8	5	2	7	4	1	6	9
						2	7	6	9	1	8	3	5	4
						4	1	9	5	3	6	8	7	2

6	9	1	8	4	5	7	3	2						
2	4	8	6	3	7	9	5	1						
5	7	3	2	9	1	4	6	8						
4	5	7	9	6	8	2	1	3						
9	3	6	7	1	2	8	4	5						
8	1	2	3	5	4	6	7	9						
7	6	9	5	8	3	1	2	4	5	8	9	7	6	3
3	8	4	1	2	6	5	9	7	2	6	3	4	8	1
1	2	5	4	7	9	3	8	6	7	1	4	9	5	2
						8	5	2	3	9	7	6	1	4
						4	1	3	6	5	8	2	9	7
						7	6	9	4	2	1	5	3	8
						2	3	8	9	7	6	1	4	5
						9	4	5	1	3	2	8	7	6
						6	7	1	8	4	5	3	2	9

7	4	2	6	1	9	3	8	5						
8	6	9	5	2	3	1	4	7						
1	3	5	7	4	8	9	2	6						
2	5	6	8	3	4	7	9	1						
4	1	7	9	5	6	8	3	2						
9	8	3	1	7	2	5	6	4						
3	7	8	4	6	5	2	1	9	3	4	5	6	8	7
6	2	1	3	9	7	4	5	8	6	7	9	2	1	3
5	9	4	2	8	1	6	7	3	2	1	8	4	5	9
						1	4	6	7	8	2	9	3	5
						7	3	5	9	6	4	8	2	1
						9	8	2	5	3	1	7	4	6
						3	2	1	8	9	6	5	7	4
						8	6	4	1	5	7	3	9	2
						5	9	7	4	2	3	1	6	8

3	2	5	8	9	4	7	6	1						
7	8	4	5	6	1	3	9	2						
6	1	9	2	3	7	5	4	8						
8	7	2	3	4	5	9	1	6	7	8	2			
9	4	6	1	7	8	2	5	3	9	6	4			
5	3	1	6	2	9	8	7	4	5	3	1			
4	5	3	9	1	2	6	8	7	3	4	5	2	1	9
1	6	8	7	5	3	4	2	9	8	1	6	3	7	5
2	9	7	4	8	6	1	3	5	2	7	9	6	4	8
			5	9	1	3	4	8	6	2	7	5	9	1
			8	6	4	7	9	2	1	5	3	8	6	4
			2	3	7	5	6	1	4	9	8	7	2	3
						2	5	4	7	3	1	9	8	6
						9	7	6	5	8	4	1	3	2
						8	1	3	9	6	2	4	5	7

2	1	6	9	7	8	5	3	4						
4	3	9	5	6	2	8	7	1						
8	7	5	1	4	3	2	6	9						
6	8	2	4	1	9	3	5	7	2	8	6			
3	9	7	8	2	5	4	1	6	7	3	9			
5	4	1	7	3	6	9	8	2	4	5	1			
7	6	8	2	5	4	1	9	3	6	7	8	5	2	4
9	2	3	6	8	1	7	4	5	9	2	3	8	6	1
1	5	4	3	9	7	6	2	8	5	1	4	3	7	9
			9	4	3	2	7	1	8	6	5	4	9	3
			5	6	2	8	3	9	1	4	7	6	5	2
			1	7	8	5	6	4	3	9	2	7	1	8
						4	1	2	7	8	6	9	3	5
						9	5	7	4	3	1	2	8	6
						3	8	6	2	5	9	1	4	7

4	8	9	1	7	6	2	3	5						
7	2	6	4	5	3	1	8	9						
3	1	5	9	2	8	7	6	4						
6	4	1	2	8	5	3	9	7						
9	5	8	7	3	4	6	2	1						
2	3	7	6	1	9	4	5	8						
8	9	4	3	6	7	5	1	2	6	4	7	3	9	8
1	7	3	5	9	2	8	4	6	9	5	3	7	2	1
5	6	2	8	4	1	9	7	3	1	2	8	5	4	6
						7	9	8	3	1	5	4	6	2
						4	3	5	8	6	2	1	7	9
						6	2	1	7	9	4	8	5	3
						2	8	7	4	3	6	9	1	5
						3	6	9	5	7	1	2	8	4
						1	5	4	2	8	9	6	3	7

3	9	2	5	6	8	4	1	7						
5	6	1	4	9	7	3	2	8						
4	7	8	1	2	3	9	5	6						
9	1	5	6	4	2	7	8	3	9	5	1			
7	4	3	9	8	1	2	6	5	4	7	3			
8	2	6	3	7	5	1	9	4	8	6	2			
2	3	4	8	5	9	6	7	1	2	3	4	5	9	8
6	8	9	7	1	4	5	3	2	6	9	8	1	4	7
1	5	7	2	3	6	8	4	9	5	1	7	2	3	6
			1	9	3	4	2	6	7	8	5	3	1	9
			4	6	8	3	5	7	1	2	9	6	8	4
			5	2	7	9	1	8	3	4	6	7	2	5
						1	6	4	9	7	2	8	5	3
						2	9	5	8	6	3	4	7	1
						7	8	3	4	5	1	9	6	2

4	3	8	7	5	1	2	9	6						
6	5	1	4	2	9	8	7	3						
2	7	9	3	8	6	5	1	4						
7	4	3	5	6	2	1	8	9	3	7	4			
9	8	5	1	4	3	6	2	7	8	5	9			
1	6	2	8	9	7	3	4	5	1	2	6			
3	1	4	6	7	8	9	5	2	4	1	3	7	6	8
8	2	7	9	3	5	4	6	1	7	8	2	5	9	3
5	9	6	2	1	4	7	3	8	9	6	5	4	2	1
			4	8	9	2	1	6	5	3	7	9	8	4
			7	2	1	5	9	3	6	4	8	2	1	7
			3	5	6	8	7	4	2	9	1	3	5	6
						1	8	9	3	2	4	6	7	5
						3	2	7	1	5	6	8	4	9
						6	4	5	8	7	9	1	3	2

2	6	7	3	5	8	9	4	1						
4	5	1	6	9	2	3	7	8						
9	8	3	1	7	4	6	5	2						
8	7	4	2	6	9	1	3	5	7	8	4			
6	1	2	8	3	5	4	9	7	2	6	1			
3	9	5	4	1	7	8	2	6	3	5	9			
5	3	8	9	2	1	7	6	4	8	3	5	9	1	2
1	2	6	7	4	3	5	8	9	6	1	2	3	7	4
7	4	9	5	8	6	2	1	3	9	4	7	6	8	5
			1	9	2	6	4	8	5	7	3	2	9	1
			3	5	8	9	7	1	4	2	6	5	3	8
			6	7	4	3	5	2	1	9	8	7	4	6
						8	2	7	3	5	4	1	6	9
						1	3	6	2	8	9	4	5	7
						4	9	5	7	6	1	8	2	3

7	6	3	2	9	5	4	1	8						
4	2	9	7	8	1	3	6	5						
1	5	8	4	3	6	9	2	7						
6	9	2	8	7	4	5	3	1	6	9	2			
5	4	7	1	6	3	2	8	9	5	7	4			
8	3	1	9	5	2	6	7	4	8	3	1			
3	8	6	5	1	9	7	4	2	3	8	6	5	1	9
2	1	5	3	4	7	8	9	6	2	1	5	7	3	4
9	7	4	6	2	8	1	5	3	7	4	9	8	2	6
			4	9	5	3	6	8	1	2	7	4	9	5
			2	8	6	4	1	7	9	5	3	6	8	2
			7	3	1	9	2	5	4	6	8	1	7	3
						5	7	4	8	9	2	3	6	1
						2	3	1	6	7	4	9	5	8
						6	8	9	5	3	1	2	4	7

2	7	4	8	9	1	6	5	3						
8	3	5	7	6	2	1	4	9						
9	1	6	3	4	5	7	2	8						
3	5	7	4	1	6	8	9	2	5	7	3			
4	2	1	9	8	3	5	6	7	4	2	1			
6	8	9	2	5	7	3	1	4	8	9	6			
5	9	8	6	7	4	2	3	1	9	5	8	6	7	4
7	6	2	1	3	9	4	8	5	7	6	2	3	1	9
1	4	3	5	2	8	9	7	6	3	1	4	8	5	2
			8	9	1	7	2	3	6	4	5	9	8	1
			3	4	2	6	5	9	1	8	7	4	2	3
			7	6	5	1	4	8	2	3	9	5	6	7
						8	9	7	5	2	3	1	4	6
						5	6	2	4	9	1	7	3	8
						3	1	4	8	7	6	2	9	5

6	8	1	2	5	3	7	4	9						
4	3	5	7	9	6	2	1	8						
7	9	2	4	1	8	5	6	3						
8	6	7	5	4	9	3	2	1	6	8	7			
2	5	9	8	3	1	6	7	4	2	9	5			
3	1	4	6	7	2	9	8	5	4	3	1			
9	4	6	3	8	7	1	5	2	9	6	4	7	3	8
1	2	8	9	6	5	4	3	7	8	1	2	5	6	9
5	7	3	1	2	4	8	9	6	5	7	3	4	1	2
			2	5	6	7	1	9	3	4	8	6	2	5
			7	9	8	5	4	3	1	2	6	8	9	7
			4	1	3	2	6	8	7	5	9	1	4	3
						9	2	4	6	8	5	3	7	1
						3	7	5	4	9	1	2	8	6
						6	8	1	2	3	7	9	5	4

9	8	5	1	4	3	7	6	2						
1	2	4	6	7	5	9	8	3						
6	3	7	2	9	8	4	5	1						
5	6	9	4	8	1	3	2	7	6	5	9			
7	1	8	3	6	2	5	4	9	1	7	8			
2	4	3	9	5	7	8	1	6	2	3	4			
8	5	2	7	1	9	6	3	4	8	2	5	9	1	7
3	7	6	8	2	4	1	9	5	3	6	7	8	4	2
4	9	1	5	3	6	2	7	8	9	4	1	3	5	6
			1	7	5	9	6	2	4	8	3	5	7	1
			6	4	3	7	8	1	5	9	2	4	6	3
			2	9	8	4	5	3	7	1	6	2	9	8
						8	2	7	6	5	9	1	3	4
						3	1	9	2	7	4	6	8	5
						5	4	6	1	3	8	7	2	9

200

9	8	5	1	7	6	2	3	4						
2	7	3	5	9	4	8	6	1						
4	1	6	2	8	3	5	9	7						
3	6	1	8	2	5	7	4	9	3	6	1			
8	4	7	9	6	1	3	2	5	4	7	8			
5	9	2	3	4	7	1	8	6	5	9	2			
6	2	8	7	1	9	4	5	3	8	2	6	7	9	1
1	5	9	4	3	2	6	7	8	9	1	5	3	4	2
7	3	4	6	5	8	9	1	2	7	4	3	6	8	5
			2	9	3	8	6	7	1	5	4	9	2	3
			1	8	6	5	9	4	2	3	7	1	6	8
			5	7	4	2	3	1	6	8	9	4	5	7
						3	8	9	4	7	2	5	1	6
						1	4	5	3	6	8	2	7	9
						7	2	6	5	9	1	8	3	4

About the Author

Mark Huckvale is a Senior Lecturer in the Department of Phonetics and Linguistics at University College London. Trained as a scientist and engineer, he uses computers to research into the working of human speech. He was approached by the *Independent* newspaper in April 2005 to design Su Doku puzzles for their daily games page and Super Su Doku puzzles for their prize competitions. He is the author of *The Big Book of Su Doku 1* and *2*.

ginal Su Doku Books
om Newmarket Press

THE BIG BOOK OF SU DOKU #1 features 200 brand new puzzles, arranged in increasing order of difficulty, from the easiest Mini Su Doku puzzles up to the new 16 x 16 Super Su Doku. It also contains tips and basic rules to get you started.

The Big Book of Su Doku # 1 • 320 pp • 5⁵⁄₁₆″ x 8¼″• 1-55704-703-0 • $8.95

THE BIG BOOK OF SU DOKU #2 is even bigger and more challenging, with 250 puzzles including basic 9 x 9 grids, and Maxi and Super puzzles (12 x 12 and 16 x 16 grids), plus the devilish Double Puzzles and with-a-twist Jigsaw Puzzles.

The Big Book of Su Doku # 2 • 400 pp • 5⁵⁄₁₆″ x 8¼″ • 1-55704-704-9 • $8.95

THE BIG BOOK OF SU DOKU #3: EXTREME is not for the faint of heart with 200 puzzles that take Su Doku to a new level with classic 9 x 9 grids ranging in difficulty from "tricky" to "diabolical," and new Maxi, Jigsaw, Super, Duplex, and Super Triplex puzzles.

The Big Book of Su Doku # 3 • 336 pp • 5⁵⁄₁₆″ x 8¼″ • 1-55704-709-X • $8.95

The Big Book of Su Doku #1, #2, & #3 are compiled by Mark Huckvale, a linguistics professor at University College London and the Su Doku puzzle editor for the British newspaper *The Independent.*

Su Doku Books for Kids
from Newmarket Press

JUNIOR SU DOKU, created especially for kids ages 8 and up, contains over 120 puzzles using numbers, words, and shapes, ranging from easy 4 x 4 grids to the more challenging 6 x 6 and finally to the classic 9 x 9 puzzles.

Junior Su Doku • 112 pp • 5³⁄₁₆″ x 8¼″• 1-55704-706-5 • $4.95

JUNIOR SU DOKU CHRISTMAS contains over 140 kid-friendly puzzles using numbers and Christmas-themed words and shapes. Beginning with easy 4 x 4 grids, the puzzles gradually increase in difficulty to the more complex 6 x 6 and finally the well-known 9 x 9 puzzles.

Junior Su Doku Christmas • 128 pp • 5³⁄₁₆″ x 8¼″• 1-55704-707-3 • $4.95
